大是文化

羅右宸
看屋學

我這樣找「跌過頭」的房子，
替自己、幫別人買到300間房

看屋達人 **羅右宸**──著

目錄 *contents*

第一章

我這樣翻新老屋
增值全圖解 029

第二章

改變用途 讓房屋增值全圖解 059

第三章　只有你想不到，沒有辦不到的貸款方式　115

第四章 用3問2指標 找到速配的裝修團隊 125

 目錄 *contents*

第五章 **我是專業包租公，我這樣過濾房客** 155

第六章 **不敗的房市投資：回歸供需法則** 171

推薦序一

他曾幫我開創事業第二春，希望也能幫到你

佑夆國際開發負責人／陳重佑

三年前，我還在臺中的某百大上市公司做企畫人員，年薪近百萬元。但在大公司待了幾年後，發現再怎麼努力都是為老闆作嫁，我想試試自己創業，遂遞出辭呈，天真的踏上創業路。

第一次創業，我選擇當時很夯的自動販賣機。第二次創業，選擇了娃娃機。由於我對市場的敏銳度高、投入得早，兩次創業都是一開始就有好成績，但由於門檻不高，競爭者快速出現，所以熱潮退燒後，我黯然退出市場。

有了前兩次的經驗，我認為現在大環境不景氣，創業的點子再奇，市場競爭激烈、資訊透明，很多生意終究撐不久，只會是曇花一現。

所以要如何找到一個讓努力成果可以永續的事業，成了我每天思考的問題，加上前兩次失敗經驗已經燒光我手邊的存款，再次投入的產業得符合：一、低成本，二、高門檻，三、永續性，三個特點才行。

本書開啟了我的人生第二春

2017 年，在我最茫然無助的時候，我在書局看到羅右宸的書，二房東這個事業簡直就是我的明燈，我當即報名他在桃園的課程，並開啟了我不一樣的人生。

在課程中，我學到如何運用財務槓桿、找股東、找資金、與房東業主交涉、挑區域、裝修、控制成本與獲利等。右宸鉅細靡遺的教導，對我這樣的新手幫助相當大。

7 月課程結束之後，我開始實踐所學，積極找房，跑遍中、彰、投幾個主要的出租聚落，看了至少 200 間房。10 月的時候，幸運的透過房仲介紹找到兩棟共 55 間套房的案件。當時這兩棟大樓已被附近學校列為黑名單，裡面的租客有逃逸外勞、詐欺、吸毒、通緝犯、甚至還有賣淫的小姐。在劣幣驅逐良幣下，年紀漸長的屋主已經無力管理這個龐大資產，甚至想賣也賣不到好價錢了。

我在第一時間向右宸諮詢，一步一步與屋主交涉，取得屋主信任，讓他們把打拚一輩子的房子交給我，也正式開始了我的二房東事業。

剛開始，其實並不順利，在缺乏資金及團隊下，凡事都得自己來，從請舊房客離開，到做基本的裝修、改造，再到招租、管理房客，所幸一路走來，右宸都給我很多建議，也熱心協助。

現在這棟 55 間房的住房率，已經從原來的 30％ 提升到 90％，該棟大樓也洗刷掉原先的汙名，成為附近指標性套房。屋

主對我能提升他手上資產的價值，非常滿意，2018 年還將他新買的物件交給我裝修、管理。

我的二房東事業，收入已經超過上班時的薪水，更難能可貴的是還非常穩定的成長。今年透過口碑介紹，我即將有 32 間套房要簽約。

沒資金，有本事就行

如果你跟我一樣沒有資金、想創業，或是想找一份長期穩定的業外收入，當二房東是個好主意，既能幫屋主解決閒置資產，還能幫租屋族管理住所，改變臺灣的租屋市場環境，這是三贏產業。

真心推薦羅右宸的第三本書，因為他幫助了我，希望也能幫到你。

推薦序二

我30歲，
已實現買房夢

廣告業務／楊翔宇

　　會認識右宸，是因為有天我在逛書店時看見這本書《我25歲，有30間房收租》，當時我非常震撼，一個才25歲的年輕人，怎麼可能買得起房子，一定又是靠爸族。在好奇心驅使下，我把書買回家看，想不到作者是靠自己寫企畫案完成募資，投資自己的第一間不動產。那年他才二十幾歲，我很好奇他是怎麼辦到的？

　　透過書本的介紹，我加了作者的LINE，過了一個星期，有訊息通知說有不動產的課程，問我想不想參加？我二話不說馬上就答應，還記得上課當天在元智大學的教室看到右宸時，心想這個看起來二十多歲的年輕人怎麼可能是個包租公！

我有夢想，為什麼不去實現？

　　連續兩天的課程結束後，右宸問我：「你是否有買房的夢想？」我說：「當然想！但是這夢想對我來說真的太遙遠了。」這時他說一句話打動我：「翔宇！有夢想要習慣去實現，不能永

遠只是想。」

當時我就像被雷打到一樣，在回家的路上一直在想，我明明有夢想，為什麼沒去實現呢？過了一個多月，右宸的助理來電詢問我，是否願意當他的學徒？當時我想都沒想直接就答應。

從此，我每個星期從內湖或三重，騎機車到桃園中壢學習房地產知識，然後選擇新北市新莊地區當我的起點，在三個月裡我看了新莊地區至少近 200 間房，更重要的是，在學習的過程中，右宸從不藏私，用心的教我房地產的各項知識，從挑選仲介到跟銀行談判，還訓練我，怎麼樣才能不落入仲介的價格陷阱。

還有怎麼發現地雷屋（像是海砂屋）、如何計算成本等，右宸都一個個教我解決。結果皇天不負苦心人，我在第三個月，就買到一間單坪只要 21 萬的舊公寓，當時連銀行行員都不相信，怎麼可能買到這麼便宜的物件，因為當地行情是每坪 26 至 29 萬。

他不只教我怎麼買，還教我怎麼賣

等到交屋後，怎麼裝潢也是一大難題，右宸在本書第四章專門介紹這部分的學問，有幸買下本書的人，真的可以少走很多冤枉路。

幸好我運氣不錯、找到一位設計師，幫我們從設計到裝修，所有問題都解決了，但是，怎麼售出也是一個問題。想不到當初一直宣揚這房子有多好，要我一定要快點買的仲介，現在反過來

不斷批評我房子的缺點，然後要我降價出售。等到第 6 個月，仲介又一直鼓吹我用 650 萬成交，就在我快下決定時，右宸勸我要堅持 700 萬，等到月底若還是無法成交時再來討論。還好當時有他的堅持，我才能完成我的房地產投資夢想。

　　這次的經驗讓我體會到，選擇比努力還重要，每次回想當初買房賣房的過程，雖然很辛苦，但都是甜美的回憶，最重要的是本書作者羅右宸教我的，都是億萬財富也買不到的正確觀念，很感謝他讓我這位 三十多歲的大叔完成投資夢，千言萬語只有一句 ：謝謝你。

推薦序三

我25歲，已有房、有公司，只因大膽踏出第一步

跆拳道教練／胡家瑜

2016 年夏天我23歲，因想買房而報名右宸的房地產課程，以當時的學費來說，CP 值很高，隨後我又決定參加進階課程，更進一步跟著他學習，那時我剛轉職，月薪只有微薄的 6,000 元而已。

進階課程開始後，我強迫自己每週至少兩天去看房，並且撥出一天從臺北到中壢，找右宸討論並當他的小跟班學習。經過近一年的時間，新北市新莊區的房子我少說也看了一、兩百間，認識的仲介名單不下 50 位，出價後馬上被打臉的也有十幾間。

23歲，出價第一間房就被黑了

一開始要達成某件事總是困難重重，要找到一間 Apple 級（好案）的房子也不例外。以我為例，往往我一腳剛踩進仲介店，對方看我年紀輕輕說要買房，以為我在開玩笑，不是隨便應付，就是丟一些與需求不符的案子。印象最深刻的一次，是一間開價 650 萬的五樓公寓，我出 400 萬，當時屋主也願意出面談價

格，隨後我再加到 420 萬，但距離賣方要的 450 萬還有 30 萬的落差。

但這 30 萬就是喬不攏，我評估買下後，屋頂漏水問題尚須花一筆錢整修，隨後決定放棄不再加價，沒想到仲介竟然惱羞成怒，不斷在外放話甚至詆毀我。我才剛出價買第一間房，名聲就黑了。所以之後我更珍惜以禮相待的仲介，不會因為對方看起來年紀輕就隨便應付，例如，幫我買到第一間房的仲介雄哥，直到現在，我有時間還會找他出來喝咖啡聊生意、聊生活，就像好朋友一樣。

24歲，買下人生第一間房

經過整整一年的實作和挫折後，我終於在右宸的陪同下，買下人生的第一間房，位在新莊離丹鳳捷運站 5 分鐘腳程可到達的4樓公寓。附近除了有商場（如鴻金寶廣場、佳瑪百貨），還有輔大、龍華科大、明志科大等多間私立學校，經過評估，我們認為新莊的租屋市場龐大，最後決定把原本 3 房 2 廳 2 衛的格局，改造成含全套衛浴設備及陽臺的套房共 5 間。

新北市的舊房子早期多半為了增加室內空間而把陽臺外推，而這間房子不但是原始格局，還擁有 3 個陽臺，規畫套房時我們刻意讓 5 間房間全部擁有獨立陽臺及獨立洗衣機，在同地區的套房產品中算是相當稀有，因此在出租時特別具吸引力。5 間房間上廣告後不到兩個月就滿租，平均一間租金達到 1 萬，扣掉房貸和基本支出後，每月還有 2 萬的報酬。

25歲，每月坐收2萬租金

　　現在我25歲，每月除了2萬的被動收入外（租金收入），在右宸的鼓勵下，我也創立了自己的公司，當老闆後，我的責任更大，要學習的東西也越多，我期許自己持續進步。右宸是我的良師也是益友，我們現在不只分享工作，還會分享生活。我將繼續以他為目標，期待有天也能出版一本屬於自己的書。希望你也能藉著本書，邁開追夢的第一步。

前言

我把股神的投資方法，套用在房地產上

　　自從 2014 年全臺灣房市衰退後，價格和成交量已經連續下跌 4 年，很多學者、名嘴看空房市，讓許多想買房的人遲遲不敢下手，甚至在高齡化，少子化的數據持續出來，加上房地合一稅制下，許多人都說，現在絕對不要碰房地產。

　　這種言論其實幾年前就有了，現在又拿出來討論，其實也沒啥新意，說實在的，就算房價跌 10% 以上，很多人還是無感，因為即使價格跌 20%，年輕人還是買不起。主因是薪資所得沒漲，物價卻高漲，所以多數人存不了錢，人們甚至覺得就算價格再跌 30%，房價還是高不可攀。

　　但在我的觀念裡，**不管你要自住還是要投資，買房的關鍵，從來都不是價格，而是價值**，這也是我在房地產這麼不景氣的幾年，勇敢的成立一家專門服務房東與房客，改善臺灣租屋品質與居住正義的公司。

　　我是從 2011 年開始接觸房地產，那年我還只是一個元智大學二年級的學生，平常最大的興趣就是看房子（故事詳見我的第一本書《我 25 歲，有 30 間房收租》），這 7 年來我至少看超過 3,000 間房子，接觸 2,000 位仲介、代銷業者，改造過超過百間

房，服務上百位房東與房客。

現在我們的團隊有15人，公司的主旨就是逐步解決房東、租客資訊不透明，設備服務不完整的問題，讓房東活化閒置舊資產，讓年輕人能租到性價比高的房子，創造最大居住價值。當然，最重要的是，我26歲時就獨立買了一間自住房。

怎麼辦到？很簡單，我找房子的眼光，跟多數人不一樣：我**專挑別人看不上眼的爛屋，再翻修成黃金屋。因為多數人在乎的是房子的價格，我卻在乎這間房子改造之後的未來價值，就是把股神巴菲特的價值投資法，徹底運用在房地產上。**

所謂股神巴菲特的「**價值投資法**」，就是投資人用低於企業真實價值的價格，買進能長久經營的績優股，然後持有，等待價格上漲。這套投資方法有兩個基本原則，第一，要用 5 毛錢買一塊錢價值的股票。第二，要買自己熟悉的產業。巴菲特的價值投資法告訴我們，在買進股票前，一定要仔細的評估，若該事業確實有前景，其價格卻很便宜，他就會大量買進，長期持有！

我將這套方法運用在房地產上，就是在我自己能充分掌握的地段中（巴菲特只買自己熟悉的產業），用五大地點評估法（見第一章），找出老屋、舊屋和問題屋（因為外觀不佳，導致價值被低估），然後用比市價便宜很多的價格，買下這些沒人想要的房子，再經過我的巧手改造後，讓價值翻倍。

為了找出這些價值被低估的房子，近 7 年來我至少看超過3,000 間以上的房子，這些房子大致可以分成以下三類：

1、屋況本身很糟，屋主不想住了，也不想花錢裝修然後

租出去。

　　2、屋主欠錢急需現金，只好賣屋換錢。

　　3、因家庭因素急著處理房產，例如子女長大搬出去住，家中只有兩個老人，不需要那麼大的空間，或是夫妻離婚、或是子女面對繼承需要繳稅。

　　其中又以第一項占比最高，達 70% 以上，全臺灣 883 萬戶裡，屋齡超過 30 年以上的老屋，就超過 30% 以上，空屋率也是 10% 以上。

　　這些屋齡超過 30 年以上的中古屋，屋況有多糟？包括：

　　1、漏水，壁癌嚴重。

　　2、老式裝潢、水管電管太舊，不能用。

　　3、屋況髒亂、雜物太多。

　　而專挑好地點的糟糕房屋，解決屋況問題，再裝修成買主或房客能馬上入住的屋況，就是我這三年來投資房地產的獲利魔法。

　　例如 2014 年，我以每坪低於行情 4 萬元的行情，買下桃園北埔街，一間陽臺鋼筋外露，廁所嚴重漏水，屋齡 29 年的華廈 4 樓。我看上的是這間房子的周邊生活機能佳，且擁有三面採光的優勢，花半年時間裝修，先收租 15 個月，每月收 1.5 萬租金，最後賣掉，共獲利 62.5 萬（見第 48 頁）。

　　2015 年，我買桃園大同西路的 3 樓公寓，因為漏水問題嚴重，我得以每坪低於行情 3 萬的價格買下。治好漏水，而且將原本的開放空間裝潢成 5 間套房，改裝後馬上賣掉，獲利 78

萬（見第44頁）。

2016 年，我買新莊民安西路的 20 年屋齡老公寓，先花了 10 萬治好漏水，再花 80 萬重新裝潢，端正的三房一衛，整修一年後，馬上就賣掉，賺了 75 萬（見第 40 頁）。

每間老房子經我改裝後，價格都增值，讓我越改越有興趣和成就感。

買這些有問題的中古屋的最大優點，就是總價、預算都較預售屋、新成屋低，對剛入門的年輕小資族來說較易上手。加上好地段的中古屋大都位於商圈已發展成型的舊市鎮，生活機能與交通環境都符合馬上入住的條件，就算你不是自住而是要出租，也比郊區或重劃區的新房，可以更快找到房客。

大家都喜歡美美屋，我卻偏愛問題屋

為什麼挑問題屋？一開始也是不得已，因為剛入行時，我沒經驗、人脈、資金，不懂買賣房屋的生態，不認識房仲，又沒有出手過的資金紀錄，根本拿不到好案子。事實上，那些地點好、屋況佳的房子，要嘛房仲自己買下，小裝修一下，轉手賣出就賺百萬元起跳。要嘛就介紹給手上的客戶，既可收佣金，又可做人情，好案子根本不會流到市面上或是我的手上。

但市面上其實有很多根本賣不掉的房子，這些房子多半屋況很差，要花資金、時間和人力去整理，才有可能成交，那些賺過輕鬆錢的有錢投資客，當然不會想做這種苦差事。

此外，當時我看到一位前輩，因為買了舊屋，經過重新裝修後，房子價值完全不一樣，讓我既欽羨、又佩服，就一路跟著他學看屋、出價、買屋、改裝。從此，我就一頭栽進幾乎沒人跟我競爭的領域：找跌過頭的房子。

本書是我出版的第三本書，目的是為了讓更多人知道，我如何在過去幾年，房地產大環境非常不好的狀況下，勇敢完成夢想的過程和心得。例如我只買市中心有問題的房子，因為這是可以穩收租金和獲利的地段，經過整理和加工，把原本不能住的房子變成可以舒適入住的家。

房地產的迷人之處是，景氣佳時可以立時增值賺差價，景氣不佳時，可以收租金，有個穩定的收入（跟股票一樣，賺股利也賺價差）。目前全臺灣有超過 200 萬戶屋齡 30 年以上的老屋、問題屋，只要你本事夠、眼光準、有創意，永遠不必擔心找不到好房子，因為經過我構思改裝修繕的房屋，永遠有人要租、要買，而我也在挑戰改造老屋的過程中，得到成就感和財富。本書就是我近三年將老屋變金屋的獲利竅門大公開。

幫房東找到房客，我三天就能搞定

現在是資訊透明、網路發達的時代，租屋族大量仰賴網路搜尋相關的租屋資訊和比較產品，已經不是以前貼小章魚條及用看板自租就可以讓租客上門的時代。近 10 年租客仰賴部落格及網路租屋平臺，像是 591 房屋交易網、好房網、PTT 的問板或各區域的網站（如桃園板）、各大學的 bbs 等，都是很有效的平臺，

近幾年甚至在臉書上也看得到租屋平臺出現。

　　臺灣租屋族群的年齡層在 18 至 40 歲間，他們大量仰賴網路生活，接收資訊，如果你還是延用舊時代的租屋行銷方式，就算產品再好，租客看不到，你也租不出去。

　　自從從事租賃工作後，我接觸過上百位房東，發現房東最困擾的，就是缺乏找房客的管道。現在很多年輕租客會把看房資料整理成一頁頁的報告，分析每間的優缺點，反正時間非常多，多看多比較是他們的天性，最看重的不外乎就是性價比（ CP值）。

　　房東最在乎的就是能快速找到優質的房客，把房子的閒置期縮到最短。房間從開始承租到租客入住，要是能掌握好時間，不用超過三天就可以搞定。

從根本解決問題，把爛屋變金屋

　　近 7 年來我至少看超過 3,000 間以上的房子，接觸 2,000 位仲介、代銷業者，投資買賣過 100 間房，從硬體改造到軟體加工，我都走過百遭。

　　人的問題，要用同理心去感受，而面對硬體，就要有真心實意徹底解決的覺悟。有朋友問我：「市面上還不是有很多黑心投資客，隨便簡單裝潢就敷衍過去了，沒解決的問題，要怎麼辦？」我不否認市面上確實有許多不用心或「兩光」的投資客。但我以專業和良心的角度來看，如果屋主不根本解決房屋的問

題，像是漏水、壁癌、格局屋況不好等問題，只是用木板或是簡單的遮蔽物掩飾，時間久了問題一定會出現，到時還是要花錢跟人打官司或是調解。與其到時花大量時間與金錢，不如現在花點小錢處理好。而如果評估過後，發現這是連花錢、時間都不能解決的問題，那就不要出手。

第一章

我這樣翻新老屋
增值全圖解

專挑好地點的糟糕房屋，解決屋況問題，再包裝成買主或房客能入住的屋況，就是我這三年來投資房地產的獲利魔法。

好地點，才會有源源不斷的租客、買家

什麼是好地點？依據我 7 年來的出租、買賣經驗，有幾個指標提供參考：

1、交通便利，離車站、班次頻繁的站牌 5 分鐘至 10 分鐘車程可到的範圍內。

完善的交通建設可縮短人們通勤的距離，自然能把人帶進這個區域，如果周邊又有大學、工業區，就會出現人潮聚集，不只會帶動商圈經濟發展，亦會增加居住需求，促成此區域房價穩定成長。

以桃園中壢區環中東路上的環中商圈為例，該區域離火車站約 5 分鐘的車程，並鄰近元智大學，又有麥當勞、肯德基、貴族世家、千葉火鍋、屈臣氏、85 度 C 等連鎖知名品牌進駐，還有傳統市場、郵局、全聯，生活機能非常便利。在短短十幾年內，該區域快速發展，**同一條路上出現了 5 家 5 年以上的仲介店**，加上未來鐵路地下化的交通建設發展，房地產抗跌及增值的可能性很大。

2、人口匯聚之地，量販、百貨、電影院為指標

因為這三種營業據點，都是動輒投資上億的商業行為，如果當地人口沒有一定的消費力，很難繼續經營下去。其中量販店為

民生必需品，後兩項為消費奢侈品，若該地區有百貨商場與電影院，就代表有一定數量的娛樂人口，房價會因為高消費族群聚集而有所支撐。

當然，也有例外，像是中壢區的大江購物中心旁的房價比較不容易漲。因大江購物中心位於中壢交流道附近，人潮以外來客為主。為了避免誤判，建議要**觀察一下周遭附近，是否有一些知名連鎖品牌的店面**，像是 85 度 C、50 嵐飲料店等，以本地住戶為主要客群經營的店家，若再伴隨高消費奢侈品，自然會有基本人氣支撐。

3、明星學區

位於明星學區的房子有很大的增值空間，尤其以都市內的學校最明顯。由於明星學區太過搶手，故政府在政策上即規定，至少要遷戶籍或是居住 5 年以上，才能進入明星學校就讀。

很多家長為了子女的教育著想，就算花大把鈔票，也要幫小孩買個小套房，只為了能遷戶口設籍，擠進明星學府。不過，若要在明星學區置產，買之前一定要先做功課，調查清楚學區的畫分界線，有可能差一條街，就會換到另一個學區。順帶一提，最近幾年也流行，**若住宅區內有具特色的公立圖書館，亦會為房價加分**。

4、未來發展性

該區域未來有無重大交通建設興建（如捷運、快速道路），都是影響房價的因素。此外，特定的區域發展政策，也是該區域

未來是否能增值的關鍵。包括興建大型公園、市立圖書館、新興科技園區、重劃區等，都對未來房價與轉手利潤有正面的幫助。

例如，桃園區段的鐵路地下化計畫，對於目前桃園火車站周圍的房價就有明顯的影響。

5、文創商店、咖啡館附近

因為現在的人喜歡體驗式的消費，**一些具特色的文創商店、簡餐咖啡館等，對房價都有正面的影響**，因為這類商店跟傳統小吃比起來，油煙較少也較安靜。當然，每個人都希望能住在生活機能便利，又能鬧中取靜的地方，通常走路 5 分鐘左右的路程，能有便利商店、超市、餐飲小吃店、汽機車維修行、診所等，就是不錯的居住地點。

不過要注意一點，如果直接住在夜市裡，因攤販的油煙加上龍蛇混雜、噪音又多，這類型的房子不管是自住或轉手，都會有困難。

看屋要像偵探：上下、左右看，還要聽

接下來就是看屋，正確的看屋流程是這樣的：

1、先去頂樓環顧四周環境：看看有無嫌惡設施（墳墓、電塔、變壓器、加油站、焚化爐、殯儀館），俯瞰四方，順便看看公共梯間有沒有雜物和是否明亮，頂樓有沒有漏水、外牆有無剝落等，你在 1 樓地上看到的是 2D 圖，到頂樓看，就變成看 3D 圖，會看到意想不到的事物，像是後巷棟距那麼近，隔壁透天鄰

12　住宅區內有圖書館、文青咖啡館，可為房價加分。

1 只有站上頂樓制高點，才能看清你要買的房子周邊環境如何。
2 變壓器是嫌惡設施之一。
3 頂樓還可以看到更多東西，有無漏水、鄰居品質，甚至安全性。

1 2
3

居蓋了一大片鴿舍，電信基地臺離社區這麼近。

2、詢問上下左右附近鄰居、管理員，可以選傍晚倒垃圾的時間，較容易遇到老鄰居或管理員，問有無凶宅、海砂屋、輻射屋。你的鄰居不見得有你想要的答案，反而是住在附近20年以上的婆婆媽媽，比較願意告訴你社區的歷史。

3、到實價登錄官網看信義房屋、永慶房屋（臺灣兩大知名

房仲品牌）成交資料庫，交叉比對成交行情，例如：中壢市大勇一街相同產品，在查實價登錄時，我會抓 1 年期間內的成交行情資料。

4、到銀行詢問可貸款多少金額，可以找 2 到 3 家交叉比對估貸款，抓個平均值。也可以順便了解銀行評估的市價是多少。通常銀行的評估都比較保守，所以只要買的比銀行估的市值還低，就一定有獲利空間。這個物件可以貸款幾成，自備款需要準備多少，通常是一個區間值，例如銀行估這間房子市值為 500 到 550 萬元，事實上也就如此。

5、最後一步，想好你的出價上限，例如 500 萬是我的出價上限，我建議你從打 85 折開始出價，再慢慢 20 萬、10 萬、5 萬加上去。

像搜尋獵物般找租售行情

要對行情保持敏感度，才能以低價買到你要的房子。所以，我都這樣做功課：

1、每天瀏覽 591 房屋交易網

每天花 1 小時瀏覽 591 房屋交易網，訓練自己的數字感。可用篩選選項過濾最新刊登資訊，把標準盡量縮到最小範圍，有怎樣的租屋設備、租金會落在多少價位，電梯有管理和無管理的華廈，價格會差多少，培養市場敏銳度。另外，也可以依區域搜尋相關的網頁，如：中壢、中原大學。

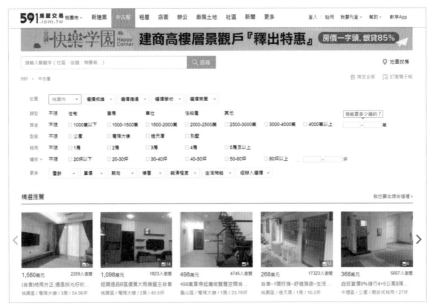

▲ 每天瀏覽 591 房屋交易網是我的習慣。

2、到當地經營 5 年以上的仲介公司詢問

　　先找 3 家仲介公司，實際去看 10 間房屋類型，掌握和比較這 10 間的買賣和租金行情。並且告訴房仲你的具體需求，由他幫你篩選好房或是培養良好關係，如果有發現適合你的房屋時，請他立即聯絡、推薦給你。

　　我每週會去 3 家之前沒去過的仲介店，認識新仲介並跟他們聊聊最新的即時成交行情，或詢問自己上回有興趣的房子賣掉沒？賣了多少錢？藉此了解市場行情。

3、在地廣告出租（售）看板或是小蜜蜂廣告

　　我每個月會鎖定一個之前未做過功課的區域，去觀察當地的

生活機能，沒事就騎車去繞一繞。如果周遭有很多掛在房子外的套房租屋（自售）看板，我會一一打電話去問有沒有空房，順便實際查訪一下租金行情，看空置率高不高，觀察人潮在每個時段的流量如何。不要小看這些訊息，長期累積下來，就能讓你熟悉市場的變化。

1　社區的免費布告欄也是可以蒐集情報的好地方。
2　這就是小蜜蜂廣告，一般是哪裡不用錢，就貼、掛哪裡。

　　我找理想案子的做法，就是比照仲介，先上各大官網搜尋我有興趣的類型產品，包含看到的廣告單，抄下屋主自售的聯絡方式，再開始打電話約屋主或仲介看屋，進一步做詳細資料分析。

　　這麼做的重點是記住成交行情資訊或新的買方背景，有助於培養你對市場成交數字的敏感度，以及了解熱賣屋況類型。

仲介業這樣經營客層

　　為了提高效率，仲介會將買方分成幾種類型，然後決定應對的時間與成本，與不同族群說話的方式也不同，通常分成幾類：

　　1、首購自住客：他們對於市場行情、買賣都沒經驗，需要花時間弄懂市場狀況，所以比較謹慎小心，很多都是先看上某一房，然後期待房價下跌到自己的預期價格，但這樣多半會錯過。通常要經過 2 到 3 年，房價不但沒跌反而上漲後，想法就會務實些。但他們出價都較低，而且會一直殺服務費，是砍價最兇的一群。

　　2、由小屋換大屋：已經不是第一次買賣房子，花在流程與速度的時間比首購族少些，對市場行情也有初步了解，買房的總價較高，但還是會殺服務費。

　　3、短期買賣投資客：這類型的買方非常了解市場行情，也看了非常多間房子，只要地點對、價錢對就會出手。仲介不用花太多時間介紹房子、環境等，決定的速度也是最快的，短則 10 分鐘就可以決定要不要。有些仲介就專門伺候這類型客戶，一買一賣之間就賺不少服務費，一有好案馬上通報。

　　4、長期置產客：因為閒置資金多，不知道往哪裡擺，而房地產是抗跌且會增值的商品，他們根本不管短期內房地產市場是漲是跌，眼光看得更遠，因此把錢大筆轉入房地產，一擺可能就是 10 年以上，漲幾倍後賣掉，既賺租金（現金流），也賺價差（增值），能做這種投資的人通常資本雄厚，很多仲介也喜歡經

營這類型的客戶。

我這樣把爛屋變成黃金屋

7 年來我不斷上網、上街搜尋、看屋，且和仲介周旋、學習、切磋，看過的房子超過 3,000 間，**裝修過上百間房屋**，發現老房子大部分都有 3 大問題，只要你能解決這 3 項，不只可以跟屋主議到低於市價的價格買進，之後更能享受增值的獲利。

一般屋齡超過 10 年的房子，要特別留意看不見的地方，例如管線是否堪用、是否需要換新等，建議買超過 10 年以上的房子，管線最好都要重新換過，以避免因線路老舊而引起電線走火等意外。

至於屋齡超過 20 年以上的房子，最好全面**翻修**，不過這麼一來，成本也會翻倍，所以在看房子時，務必要帶著室內設計師同行，當場就把裝潢及修繕費用計算出來，然後算算可以賣出的價格和獲利，以免誤會一場（見本書第四章）。

老屋、爛屋要改善的問題不外乎以下 3 項：

1、基礎工程：漏水壁癌通常發生在頂樓、外牆、窗邊。且要重做浴廁、廚房水電管路。

2、結構工程：有危險疑慮致不能安全居住，需要補強。

3、空間規畫：不符合現階段的產品規畫。

以下是我近 3 年的舊宅大改造成績。

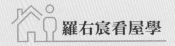

老屋翻新增值5例全圖解

案例1 新莊民安西路，3房1衛重新翻修

時間 ➡️ 持有10個月。

狀況 ➡️ 2016年我買下位於新莊丹鳳捷運站走路15分鐘、巷弄內的20年屋齡3樓公寓，屋主當初是為兒子在此念書而買屋，現在兒子畢業，也不在此工作，決定賣掉。屋主人住苗栗，開價非常硬，原先開價580萬，我從500萬出價，他不接受，我再出價510萬，他還是不肯，最後我再出價520萬，才終於斡旋成功。

光斡旋就談了快兩個月，才以520萬（單坪21萬，當地行情單坪26到29萬），貸款416萬，25年期每月本利和（本金＋利息）為17,633元，我以因外

1 陽臺走道，外牆還嚴重漏水。

2 改裝後的陽臺走道。

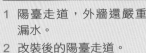

牆嚴重漏水，需要再花錢補修，才得以低於行情價買下這間 25 坪、3 房 1 廳 1 衛的老舊公寓。

問題 ⇨ 裝潢老舊又是木板隔間，隔音差，外牆要翻新，還有嚴重的漏水、壁癌。

解決 ⇨ 重做基礎工程，治漏水和壁癌，做新外牆，還有調整格局。

成本 ⇨ 光外牆嚴重漏水就花 10 萬，管線格局重新規畫花 80 萬，最後的總成本為：520 萬＋15 萬（2% 仲介服務費含代書相關稅費）＋90 萬（裝修）＝ 625 萬。

1 原本的室內格局和裝潢材質。
2 將空間重新改裝後。
3 改裝後的客廳。

<table>
<tr><td>1</td><td rowspan="2">3</td></tr>
<tr><td>2</td></tr>
</table>

1 原來的衛浴廁所。
2 整修後的浴室。
3 原來貼磁磚、老式裝潢的廚房。
4 重新裝修後的現代化廚房。

| 1 | 2 |
| 3 | 4 |

現金支出 → 520 萬×0.2（2 成頭期款）＝ 104 萬＋15 萬（2% 服務費含代書相關稅費）＋工程裝修 90 萬＋22 萬周轉金 ＝ 231 萬。

小叮嚀 → 因為裝修期長達 兩 個月，所以要預抓 1 年的周轉金，以應付每個月要付的房貸利息，還有工程延誤的準備金 12×17,633（貸款 416 萬每月要還給銀行的本金和利息）＝ 211,596，每月利息概算抓一半 8,500 元，因本金部分在最後賣掉房子，還錢給銀行時，會抵銷。

例如我跟銀行借 50 萬，借錢期間每月都有還本金和利息，所以，當我最後還錢給銀行時，只剩 45 萬要還，因本金已經還掉部分了。這裡的道理一樣，所以此處只將利息列入成本，且抓每月房貸的一半，已經算是從高處理。本書中所有實例都以此方式計算。

獲利 → 最後賣掉，實拿 700 萬－成本 625 萬 ＝ 75 萬。

租金總收 → 0

投報率 → 75 萬 / 231 萬 ＝ 32%

心得 我專挑地點好、屋況差的房子，因為屋況差，才有議價空間。我還會趁機問仲介，其他人是怎麼解決這些問題，或者如何開價。漏水、壁癌、管線重拉，都是買老屋後必須面對的第一關。只要能用合理的價錢，把房子的缺點修改，房子的價值也會隨之增加。

案例2 桃園大同西路，原開放空間變套房收租

時間 ➡ 持有 8 個月。

狀況 ➡ 2015 年我用 350 萬，買下 35 坪、屋齡 30 年的 3 樓
公寓，單坪 10 萬，當地行情 13 至 15 萬，是格局方
正、採光好的低樓層公寓，無隔間，有兩間衛浴。距
離桃園火車站、桃園縣府特區車程 5 分鐘。貸款 8 成
280 萬，25 年期每月本利和為 11,868 元。

內牆有漏水水痕，公共梯間的漏水還會往下滴（雨天
更明顯）。一定要先解決漏水問題才能做裝潢，所以
得一直在雨天找漏水根源。當初 3 樓發生漏水，以為
是 4 樓有問題。但到 4 樓一看，房子大概有 10 年沒
住人。最後發現問題的源頭，是 5 樓的陽臺和增設的

1 原本客廳的屋況。
2 改裝後的套房。

| 1 | 2 |

頂樓加蓋所引起。

1. 基礎工程：我光為了找出屋內牆漏水痕與公梯滴水的根源問題，就花了近兩個月的時間。但4樓因長期沒人住，問附近老鄰居及鄰里長都問不到聯絡資訊。

   最後我寫存證信函（因漏水問題造成3樓無法居住）寄發到屋主所在戶籍地，4樓屋主是一位高齡80歲的婦人，聯絡及溝通不易。到4樓屋內才發現漏水已多年，是從5樓漏下，最後跟5樓頂加的租客要到5樓屋主的電話，約時間見面找出根源。

2. 中間花了許多帳面上看不到的時間成本，尤其是老屋的漏水問題最難處理。萬一聯絡不到屋主，

1　原來的臥室裝潢和地板。
2　裝修中的情況。

1　2

走法律途徑更是曠日費時，所以買房投資前一定要看看上下左右有無住人，日後處理漏水問題才能即時與方便。

3. 重新規畫空間、加值裝潢：把原本開放式的格局改成 5 間套房收租，每間成本 40 萬，包含裝潢和家具、家電。

1 改裝前的臥室地板。
2 原先的浴室狀況。
3 裝潢後的小套房內裝。
4 改裝後的浴室。

| 1 | 2 | 4 |
| 3 | | |

成本 ⇨ 漏水、壁癌嚴重，治漏水花了 10 萬，管線格局重新規畫，5 間套房花了 200 萬，最後的總成本為：350 萬＋12 萬（2% 仲介服務費含代書相關稅費）＋210 萬（裝修）＝ 572 萬。

現金支出 ⇨ 350 萬×0.2（2 成頭期款）＝ 70 萬＋12 萬（2% 服務費含代書相關稅費）＋工程裝修 210 萬＋8 萬周轉金 ＝ 300 萬。

小叮嚀 ⇨ 裝修期 6 個月要預先抓半年的周轉金，以應付每月的房貸利息，和萬一工程延誤的準備（6×11,868 ＝ 71,208。每月利息概算抓一半 6,000 元）。

獲利 ⇨ 最後賣掉，實拿 650 萬－成本 572 萬 ＝ 78 萬。

租金總收 ⇨ 0

投報率 ⇨ 78 萬／300 萬 ＝ 26%

心得 漏水是這個案例的最大問題，而且壁癌還會復發，所以很多人不敢接手，但也就是這個難以解決的大麻煩，我才能以低價買入。但我還是輕忽另一件重要的事：沒有先看上、下、左、右是否有人住，以至於花了 3 個月在找樓上的屋主，不然這房子可以更早完工。

案例 3 桃園北埔街，3 房 1 衛，補強結構增加衛浴收租

時間 ➔ 持有 25 個月。

狀況 ➔ 2014 年我以 320 萬買下 35 坪，屋齡 29 年的 4 樓華廈（總樓高 6 樓），單坪 9.14 萬，當地行情每坪在 13 到 15 萬之間，邊間 3 面採光，原本為木頭隔間舊式裝潢包覆天花板。距離桃園觀光夜市、桃園藝文特區車程 5 分鐘。貸款 8 成 256 萬，25 年期每月本利和為 10,851 元。

問題 ➔ 後陽臺有三分之二面積鋼筋外露，廁所上方有漏水水痕。把老舊裝潢拆除後發現，整層鋼筋外露面積高達二分之一面積，嚴重需要補強結構。但因不是頂樓，需要到 5 樓屋主房內找出漏水根源，需要溝通處理。3 個房間只有一間衛浴，明顯不夠用，多增加一間衛浴，能得到更多買方認同。

1 原先屋況。
2 改裝後的房間之一。

1　2

解決 ➩ 重做基礎工程、結構工程、重新規畫空間、裝潢。

1. 基礎工程：光要找出 4 樓廁所上方與陽臺後方漏水的根源問題，就得聯絡 5 樓住戶。因 5 樓也是租客，還要跟 5 樓房東聯絡，光溝通就花了將近 2 個星期。最後的解決辦法就是打掉 5 樓的廁所與陽臺，重新做防水要花 20 萬。經協商後和 5 樓屋主各付 10 萬。

   結構工程：先請建築師來現場勘查後，決定找專門做「結構工程」的廠商報價，30 到 70 萬都有，因為這方面材料費用非常不透明，且技術層面較高。最後花 40 萬補強室內及陽臺鋼筋外露部分（多出來的支出，因為被老舊裝潢包住，沒想到會這麼嚴重，故**建議買中古屋要買裸屋**）。

2. 空間規畫＋加值裝潢：多增加一間衛浴，也把原衛浴翻新、重新隔間、拉水電管線及室內輕裝修，換天花板、地板、門窗、家具和家電等共花70萬。

成本 ➩ 320 萬＋10 萬（2% 仲介服務費含代書相關稅費）＋120 萬（裝修）＝ 450 萬。

現金支出 ➩ 320 萬×0.2（2 成頭期款）＝ 64 萬＋10 萬（2% 服務費含代書相關稅費）＋工程裝修 120 萬＋7 萬周轉金＝ 201 萬。

1 裝修中的屋況。
2 改裝後的房間之一。
3 改裝後的衛浴。
4 改裝後的房間之一。

1	2
3	4

小叮嚀 → 裝修期 6 個月要預先多抓半年的周轉金，以應付
每月要付的房貸利息，還有萬一工程延誤的準備
（6×10,851 ＝ 65,106。每月利息概算抓一半 5,000
元）。

獲利 ⇨ 最後賣掉，實拿 490 萬－成本 450 萬＝ 40 萬。

租金總收 ⇨ 先收租 15 個月，每月收租 1.5 萬，15×1.5 ＝ 22.5 萬

投報率 ⇨ 40 萬 ＋22.5 萬 / 201 萬 ＝ 31%

心得　我以為屋齡 29 年，問題不會太大，但還是敗在劣質建商的手下，這個案子不但漏水，還有結構問題（當然也因為這樣，我才能壓低到每坪少 5 萬——將近 7 折！），拉長我的裝修時間。但換個角度想，成就感也滿大的，讀者看圖片就可以知道，改裝前後，真是天壤之別。但我也學到，老屋因為裝潢老舊，看不到房子原來的樣子，所以修繕的第一步，就是先把房子拆成裸屋。把木作、壁紙全拆，才能知道問題所在。

案例4　中壢中山東路，3房2衛修補結構

時間 ➡ 持有9個月。

狀況 ➡ 2015年我以280萬買下33坪，屋齡為28年的2樓公寓（總樓高5樓），單坪8.48萬，當地行情每坪12到14萬，邊間，3面採光。原屋主本來是為就讀中原大學的女兒而買屋，現在女兒已經畢業打算賣掉，屋裡留有舊家具、家電與一般裝潢。距離中壢火車站、中原大學車程5分鐘。貸款8成224萬，25年期。每月本利和為9,495元。

問題 ➡ 邊間牆壁有一點壁癌。房子約有三分之一的面積鋼筋外露，是建商留下的爛攤子，有結構危險，需要用加強鋼柱支撐乘載量，原本無補強（整棟管委鄰居曾討論過此議題，但未實行）。

1　原始屋況。
2　改裝後的屋況。

1 2

解決 ⟹ 結構工程＋加值裝潢。

我與鄰居溝通後，決定一起分擔補強整棟結構費用，並將整棟邊間牆做防水處理，一共要花 50 萬，但 5 層住戶要溝通真的不易。協調長達 5 個月後，我們 2 樓分擔 20 萬，把防水與結構問題都處理好。

1. 結構工程：我買之前沒發現這個問題的嚴重性，覺得屋主開價比行情低就買了。請師傅來看才知道乘載量有問題，所以我請專業的結構師到現場評估與補強（預算也增加了）。

1 漏水、壁癌嚴重的牆面。
2 原屋況室內另一角。
3 改裝後的屋內。

053

2. 加值裝潢：原衛浴翻修加上室內輕裝修，換天花板、地板、門窗等共花了 50 萬。

成本 ⇒ 280 萬＋10 萬（2% 仲介服務費含代書相關稅費）＋70 萬（裝修）＝ 360 萬。

現金支出 ⇒ 280 萬×0.2（2 成頭期款）＝ 56 萬＋10 萬（2% 仲介服務費含代書相關稅費）＋工程裝修70萬＋6 萬周轉金 ＝ 142 萬。

小叮嚀 ⇒ 裝修期 3 個月要預抓半年的周轉金，以應付每月要付的房貸利息，以及工程延誤的準備（6×9,495＝56,970，每月利息概算抓一半 5,000 元）。

獲利 ⇒ 賣掉，實拿 420 萬－成本 360 萬 ＝ 60 萬。

租金總收 ⇒ 0

投報率 ⇒ 60 萬 / 142 萬 ＝ 42%

改裝後的衛浴。

心得 這間和案例 3 北埔街的問題差不多，此外還必須解決結構工程的承載量問題，但因為有之前的經驗，這次問題解決得更快，比上一個案例少一半時間就改裝完成，只能說，我解決問題屋的功夫越來越好了。

案例5　中壢文成北街，開窗改善採光、通風

時間 　持有 11 個月。

狀況 　2016 年我買下 29.5 坪 300 萬，屋齡 31 年的 3 樓公寓（總樓高 5 樓），單坪 10.16 萬，當地行情每坪12 至 15 萬。兩面採光、邊間，屬傳統式公寓。這間房距離內壢火車站 5 分鐘、元智大學車程 7 分鐘。貸款 8 成 240 萬，25 年期。每月本利和為 11,868 元。

1　原始屋況。
2　改裝後的屋內。

問題 　原始格局中間的房間完全無採光，既昏暗又不通風，需要加工裝潢改善。公共環境方面，住在 4 樓的老鄰居因為做早市擺攤，所以會在 1 樓大門旁的公共區域擺放魚貨，造成長久累積臭味及衛生問題。

解決 ⇒ 重新規畫空間＋加值裝潢。

公共環境的衛生問題需要和老鄰居協調溝通，畢竟長期累積的習慣不易改善。我除了買一部冰箱送老鄰居外，還請里長出面協調一起處理，重新油漆布置掛畫、換燈泡，也在公梯間擺放好幾瓶芳香劑，花了半年以上，腥臭味才消除，現在雖然還是會擺放魚貨，但比之前好很多。

1. 空間規畫：買之前就知道要解決通風及採光問題。原始格局只有前後陽臺有一點採光，需要多挖開 2 扇窗，讓 3 個房間都有採光及通風。也把原本大門位置換方向開，讓空間動線更順暢，泥作工程共花 10 萬。

2. 加值裝潢：室內全室與公梯間油漆輕裝修，換天花板、地板、門窗，加上一個送給鄰居的冰箱 3

1 裝修中的屋內。
2 原來的後陽臺像牢籠。
3 改裝後的陽臺視野寬闊，且可擺洗衣機。

12　改裝後的房間。

| 1 | 2 |

萬，共花了 40 萬。

成本 ⇒ 300 萬＋10 萬（2% 仲介服務費含代書相關稅費）＋ 50 萬（裝修）＝ 360 萬

現金支出 ⇒ 300 萬×0.2（2 成頭期款）＝ 60 萬＋10 萬（2% 服務費含代書相關稅費 ）＋工程裝修 50 萬＋8 萬周轉金 ＝ 128 萬。

小叮嚀 ⇒ 裝修期 3 個月要預先多抓半年的周轉金，以應付每月要付的房貸利息，和工程延誤的準備（6×11,868 ＝ 71,208，每月利息概算抓一半 6,000 元）

獲利 ⇒ 最後賣掉，實拿 400 萬－成本 360 萬 ＝ 40 萬。

租金總收 ⇒ 0

投報率 ⇒ 40 萬 / 128 萬 ＝ 31%

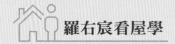

> **心得** 這間房子真的是醜小鴨變天鵝的代表，屋齡超過30
> 年，而且是公寓，還好沒有漏水和結構的大問題，只是採
> 光和通風需要改善，所以我將大門位置換個方向，修整前
> 後陽臺，並將心力花在改善公梯間的味道。

裝潢工程抓高不抓低，多抓 20%

由以上幾個案例可知，雖然投資中古屋總價低，門檻比新成
屋低，但工程裝修款在買房前就要抓得非常準，不然一旦發現屋
況很差，不僅會降低投資報酬率，還可能虧錢。這也是買賣中古
屋的最大風險。所以屋齡超過 20 年以上的，如果前屋主沒重新
換過水電管路，我建議一定要重新估計預算。

依照我目前裝修超過 100 間房的經驗，建議你準備的金額要
比初估預算多 20 %。例如一開始預估要花 100 萬，你就要準備
120 萬。

其實，我覺得最難解決的問題不是房子本身，而是人，尤其
是與原住戶們的溝通過程，協調的時間極有可能超出你預估的好
幾個月，時間成本很高，期間不但要付銀行利息，還不知何時才
能達成共識。這些不確定性會造成投資人的不安，所以對於要大
幅翻修的房子，要先認識、關心一下左鄰右舍，否則關係沒處理
好的話，找碴的鄰居會跟你一直耗下去，反而得不償失。

第二章

改變用途
讓房屋增值全圖解

投資房地產不外乎兩種用途，你得先清楚自己要的是什麼，這兩種用途就是：

1、收租，包括套房、住家、店面、商辦。

2、自住用。

買房投資前你就要先弄清楚自己的目的，根據用途才能鎖定你未來要賣出的目標族群（退休族、換屋族、首購族……），設計出他們想要的產品。例如：若是要收租，就要買齊家具家電；若要賣給自用型，只要處理油漆、隔間、天花板、地板就好。

| 1 | 2 |
| 3 | |

12 套房是出租、收租最快的投資標的。
3　投資不動產前要先清楚你的用途，如果要投資店面，就要找商業聚集區。

投資套房，必選三大區

1、私立大學附近：

我會挑選傳統「私立大學名校」附近的房子，因為私立大學的床位通常不夠，學校腹地較少。例如：中原、淡江、文化等。以我的母校元智大學為例，每年錄取人數約 10,000 人，但學校宿舍僅能提供3000 人住宿，等於就有 7000 名的學生需要外宿，只要你的房子條件不太差，是很好出租的。**最好挑選比例 10：3（學生人數：學校床位）的學校附近。**

▲ 傳統私立大學名校附近，通常有較多學生套房的需求，如中原大學附近。

2、優質工業區附近：

你必須了解工業區的定位、功能、員工薪資所得資訊，例如全臺灣高科技重鎮新竹科學園區，平均薪資所得高達 40,000 元，員工能付的租金約為月薪的 1/3。而中壢工業區的平均薪資所得約 30,000 元，員工每月能付的租金不超過 10,000 元。如果是更鄉下的加工工業區，例如平鎮工業區，薪資所得約 25,000 元，每月能付的租金不超過 7,500 元。這裡所指的產品可能是 2 房或 3 房，套房也會因地點、屋齡或裝潢而不同。

3、觀光商圈：

觀光商圈能吸引來的是服務業工作人口，及外地來居住在附近的人，因為生活機能高，週末還會有好幾萬人進入商圈，帶動附近的經濟繁榮。此外還有私校的加持，像是歷史悠久的中壢中原大學及臺中逢甲大學附近商圈。

▲ 觀光商圈因為生活機能高，較能吸引租屋客。

商圈附近除了學生和服務業上班族外，外地來工作的人也會因為生活機能較方便，而選擇附近租住，所以這裡就是租賃市場的一級戰區。此時，如果你的產品不特別或是不夠新穎，就容易被別人打敗。但此區的優點是周轉率較高，就算在市場景氣不好時，也會因為觀光商圈的名氣夠大，外地人都聽過這裡或是這所大學，當他們想買房投資時，就一定會選擇這裡。

投資一般住家，必選三區

1、車程離火車站 5 分鐘，走路 10 分鐘到捷運及公車站牌。

2、車程 10 分鐘內有大賣場、百貨公司、傳統市場，方便採買一般日常生活所需。

3、周遭有明星學區及大公園，具有生活品質。

所以，我在挑選價值被低估的老房屋時，也依循這三大原則，尋找好地段、好社區、生活機能佳的區域內，破舊或一般人無法處理的問題屋下手。

▲ 投資住家要慎選附近環境，例如有百貨公司、影城，生活品質佳、機能齊全之地。

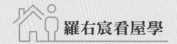

改變用途，讓房屋增值10例全圖解

案例1 華廈套房變成住家3房＋車位，變更用途後增值100萬

時間 ⇨ 持有8個月。

你可能聽過有人把一般住家的正常格局改成數間套房，但這件案例卻相反，這間的難度在於要有砍掉重練的決心，要把原本收租型用途改成自用住家型。

2013年，仲介小黃跟我介紹這間位於中壢溪州街、開價498萬、45坪的5樓電梯華廈（總樓高6樓），屋齡20年，隔成6間套房還附帶一個平面車位，聽起來就覺得滿便宜。離中壢車站只有5分鐘車程，樓下就有公園，走路到大賣場也只要5分鐘，是一個很棒的地點。

◀▲ 原始屋況。

　　但一進門，屋況真的慘不忍睹，雖說內部隔成六間套房，但是狀況都糟到不能住人，家具家電只剩冷氣勉強可用。隔間牆是早期的木板裝潢，感覺用力敲一下就會破，廁所底下牆角管線都有漏水的痕跡。看完整間房子後，我直覺反應：只能整個大翻修了。

　　想不到這房子還有一個地下平面車位，當下我以為賺到了，結果竟然不能使用，因為是機械升降式平面車位，故障後就沒人維修，地下室也荒廢，等於空有車位坪數卻毫無實際價值。

　　不過，換個想法，這些都是我可以議價的籌碼。最後，我以開價 9 折 450 萬成交，換算下來 1 坪才 10 萬，當地行情單坪 15 萬。接著，我開始思索要如何提升這房屋的價值，解決一般人不想解決的問題。

我將這間房子整理出五大特色和心得

　　1、總社區才 24 戶，屬於小社區型華廈，因為平常沒有定期收管理費，只有要維修電梯時，由主委統一收齊費用。再加上地下停車位只有 9 個，根本沒人停，也沒有人想要整理，代表以後也沒有管理費的問題。

　　2、整個社區屬於大 3 房坪數格局，室內加附屬建物面積有 33 坪，附近都是四樓高的透天厝，所以五樓採光通風都還不錯，又是邊間，有三面採光，原始格局有兩間衛浴，都有開窗。

　　3、車程距大賣場、中壢車站只要 5 分鐘，走路 5 分鐘內就

▲ 這個物件位置佳，離中壢海華 SOGO 百貨商圈車程 5 分鐘。

有兩座公園，離中壢海華 SOGO 百貨商圈也只有 5 分鐘車程，生活機能非常好，適合一般小家庭居住。

4、附近新成屋的成交價站穩 20 萬大關，一般屋齡 20 年、屋況一般的房子，也有約 15 萬的行情。因為要包含我的利潤及裝修款項，所以保守估算，我入手的價格要控制在每坪 10 萬左右。

5、基於這地點不適合原始格局套房收租，加上屋況已不堪住人，所以一定要重新加工，所以我決定把原本的套房格局統統打掉，變回一般小家庭的 3 房住家格局。

最後我還做了一項整合，去詢問這 9 位持有車位權狀的住戶（我當然已是其中之一），一起協商出錢處理地下室不能使用的

窘境。我先請師傅估價，計畫翻修整個地下室，將機械升降改成 9 個平面車位和坡道，約需 50 萬，等於一戶出不到 6 萬，就可以享有市值 100 萬的車位。由於條件非常誘人，我花不到一個月，就說服所有持有人。

在這個物件中，我等於只花了 6 萬多，就賺到了一個 100 萬的車位。我的買入價約 450 萬，貸款八成 360 萬，25 年期，年利率 2%，每月本利和 15,259 元，自備款 90 萬。每月房貸必須繳交約 2 萬，加上其他雜費：仲介費 9 萬，代書費及相關稅費約 5 萬，我裝潢成本抓 90 萬，總成本為 560 萬。

最後我帶著百萬裝潢，以市價 1 坪 15 萬賣出，由於跟相同類型產品比起來，我的售價很便宜，加上內部重新整理，所以很快就以總價 675 萬，賣給一對剛生小孩的新婚夫妻。扣掉仲介費

▲ 經過修改後的屋況。

及其他雜費，實拿約 650 萬，再扣掉買這間房子的成本，共賺了 90 萬。

總成本 → 450 萬＋14 萬（2% 仲介服務費含代書相關稅費）＋90 萬（工程裝修）＋6 萬車位整理 ＝ 560萬。

現金支出 → 450 萬×0.2（2 成頭期款）＝ 90 萬＋14 萬元（2% 服務費含代書相關稅費）＋工程裝修 90 萬＋6 萬車位整理＋19 萬周轉金 ＝ 219 萬。

小叮嚀 → 裝修期 3 個月要預先多抓 1 年的周轉金，以應付每月要付的房貸利息，以及工程延誤的準備（12×15,259 ＝ 183,108 元，每月利息概算抓一半 8,000 元）

獲利 → 最後實拿 650 萬－成本 560 萬 ＝ 90 萬。

租金總收 → 0

投報率 → 90 萬 / 219 萬 ＝ 41%

案例2 **華廈2房變3房，改格局，增值100萬**

時間 ⇨ 持有11個月。

現在因為少子化、高齡化現象，傳統的大4房及3代同堂的透天別墅，變得不好賣。而我這個案例卻要增加一個房間，為何？

2012年，這間房屋開價658萬，賣了近1年還賣不掉。但我增加一間房間後，隔年就以750萬賣出。地點位於內壢忠孝路巷子內，屋齡20年，是間3樓中古華廈，45坪，室內30坪隔成兩大間房，客餐廳也略大，但只有1間衛浴，很不實用。而且廁所位於房子的正中間，於是我用低於行情約8折，總價500萬買下這間房子。

一進門，房子除了有些漏水壁癌外，還感覺得出來有段時間沒住人，屋裡雜亂需要清潔整理，隔間牆還是當初建商用的紅磚

▲ 原始屋況除漏水壁癌外，屋內雜物堆積也要大清理。

牆。廁所底下牆角管線，有漏水冒泡的痕跡。看完整間房子後，我認為，一定要再隔出一個房間，然後移走廁所，再增設另一間廁所。

我將這間房子整理出五大特色和心得

1、總社區 50 戶，屬於中小型社區型華廈，管理費每月約 2,000 元，在周遭環境中屬於大型的地標社區（附近以傳統型老舊公寓及透天產品居多），後面陽臺正面對著公園，擁有景觀和地理位置的優勢。

2、整個社區大部分都是大 3 房格局，室內加附屬建物面積有 32 坪，附近都是 4 樓高的透天厝，所以樓層採光通風都還不錯，又是邊間，有 3 面採光，只是原始格局只有一間衛浴。

3、距大賣場、內壢車站只要 5 分鐘車程，走路 5 分鐘內就有兩座公園，離內壢高中走路 5 分鐘，樓下有銀行與全聯等店家，生活機能非常好，適合一般小家庭居住。

4、附近新成屋的行情站穩 20 萬大關，一般屋齡 20 年、屋況一般的房子，也有約 15 萬的行情。這間擁有地理位置和景觀條件的社區，在 2013 年的最高成交價紀錄是一坪 17 到 18 萬。

5、因為原先的空間規畫錯誤，沒人會花總價 600 萬買一間兩大房的 20 年社區中古屋，加上此物件的格局詭異到令人不舒服，一定要重新加工，所以我決定把原本的格局統統打掉，變回一般小家庭的 3 房住家格局。

　　為了重新規畫格局與增設一間廁所，並把原廁所移位，等於
是重拉水電管路。我的買入價 500 萬，貸款 8 成 400 萬，25 年
期，年利率 2%，每月本利和為 16,955 元，自備款 100 萬。每月
房貸必須繳交約 1.7 萬，加上其他雜費：仲介費 10 萬，代書費
及相關稅費約 5 萬，裝潢成本約 100 萬。總成本為 615 萬。

　　最後我附帶著百萬裝潢，以市價 1 坪 16.6 萬賣出，由於跟
同社區比起來，我的售價相對便宜，加上內部重新整理，所以很
快就以總價 750 萬，賣給一對要換屋的夫妻。最後扣掉仲介費及
其他雜費，實拿約 715 萬，再扣掉買這間房子的成本，總共賺了
100 萬。

▲ 改裝後的屋況。

總成本 ⇒ 500 萬＋15 萬（2% 仲介服務費含代書相關稅費）＋
100 萬（工程裝修）＝ 615 萬

現金
支出 ⇒ 500 萬×0.2（2 成頭期款）＝ 100 萬＋15 萬（2%服務費含代書相關稅費）＋工程裝修 100 萬＋20 萬周轉金 ＝ 235 萬。

小叮嚀 ⇒ 裝修期 2 個月要預先多抓 1 年的周轉金，以應付每月要付的房貸利息，以及為萬一工程延誤作準備（12×16,955 ＝ 203,460，每月利息概算抓一半 8,500 元）

獲利 ⇒ 715 萬－成本 615 萬 ＝ 100 萬。

租金
總收 ⇒ 0

投報率 ⇒ 100 萬／235 萬 ＝ 42%

案例3　頂樓公寓1戶分割成2戶賣，增值200萬

時間 ➜ 持有11個月。

這間房子的前屋主是個大家庭，喜歡一家人住一起，因而買了兩戶4樓的公寓，打通後變更格局成4房2衛。但到了今天，現代人如果要買4房大坪數的產品，都會買電梯華廈，或是低樓層的公寓，沒有人會想買頂樓的4房公寓，除非很便宜。

2014年，這間位於內壢文化路巷子內，屋齡30年，公寓40坪陽臺未補登，室內實際坪數約為43坪的房子，開價558萬，賣了近2年，還是賣不掉。而我把一戶分割還原成當年2個門牌的狀況，然後以2間3房2衛的房型，分別以330萬及320萬價格，在2015年時賣出。

一進門，屋況簡單乾淨，屋況維持得不錯，感覺剛搬離沒多

▲ 原始屋況。

久。客餐廳略大，有利於增加 2 間房及 2 個衛浴設備，和重新隔回中間的牆壁。我只需把空間重新規畫，並增設廁所。看完房子後，我認為要分割成 2 間 3 房 2 衛，拆開來賣才能符合市場需求。最後我以總價 400 萬（低於行情）買下這間房子，因為這是屋主的持有成本價。

我將這間房子整理出五大特色和心得

1、社區為傳統型老公寓，因為它在 4 樓，頂樓要重做防水。1 樓大門要重新換鎖，公梯間要油漆整理。但不需要管理費用，只要每個月給附近專收垃圾的阿姨 500 元。樓下周遭環境旁有土地公廟和一座小公園，雖說是無尾巷，但是人可以走出去到公園綠地，唯獨車子不行。

2、公寓屬於 4 房格局，室內加附屬建物面積有 43 坪，因附近都是透天厝或公寓，所以樓層採光、通風、棟距都尚可，畢竟頂樓的採光、通風會較低樓層優。有一間為邊間，另一間不是。

3、車程距大賣場、日月光、工業區只要 5 分鐘，走路 3 分鐘內就有兩座公園，離內壢高中車程 5 分鐘，下樓 5 分鐘路程有國小與便利商店，生活機能適合一般小家庭。

4、這附近屋齡 20 年的中古屋電梯華廈，成交價都站穩 13 萬大關，屋齡 30 年、屋況一般的低樓層公寓，跟中古華廈的行情差不多，也有約 13 萬的行情（總價差距不大，只有公設比高低不同）。這間剛剛整理好的房子以總價 3 百多萬賣出，符合行情。

▲ 這間房子離大賣場只要 5 分鐘車程。

5、房屋一開始的空間規畫定位錯誤，沒人會花總價 500 萬，買一間屋齡 32 年、4 房的頂樓老公寓，所以一定要重新加工。

為了重新規畫格局與增設 2 間廁所，我還調出建商原始建物成果測量圖，重做隔間牆，重拉部分水電管路。

我的買入價 400 萬，貸款 8 成 320 萬，20 年期（因屋齡近 35 年），年利率 2%，每月本利和為 20,236 元。自備款 80 萬，每月房貸必須繳交約 2.1 萬，加上其他雜費：仲介費 8 萬，代書費及相關稅費約 5 萬，裝潢成本 120 萬，總成本為 533 萬。

最後我重新裝潢，分別以總價 320 萬及 330 萬（邊間）賣出，兩位買主都是想讀這國小學區的年輕家庭。最後 2 間賣價扣掉仲介費及其他雜費，實拿約 600 萬，再扣掉買這間房子的成本，總共賺了 67 萬。

▲ 改裝後的屋況。

總成本 ⇒ 400 萬＋13 萬（2% 仲介服務費含代書相關稅費）＋120 萬（工程裝修）＝ 533 萬。

現金支出 ⇒ 400 萬×0.2（2成頭期款）＝ 80 萬＋13 萬（2% 服務費含代書相關稅費）＋工程裝修 120 萬＋25 萬周轉金 ＝ 238 萬。

小叮嚀 ⇒ 裝修期 3 個月要預先多抓 1 年的周轉金，以應付每月要付的房貸利息，和萬一工程延誤的準備（12×20,236＝242,832，每月利息概算抓一半10,000 元）。

獲利 ⇒ 最後實拿 600 萬－成本 533 萬 ＝ 67 萬。

租金總收 ⇒ 0

投報率 ⇒ 67 萬 / 238 萬 ＝ 28%

案例4 1樓套房變庭院住家＋車位，產品特殊，增值200萬

時間 ⟹ 持有6個月。

1樓除了具店面價值外，你很少看到1樓做住家使用，但其實有獨特性的1樓，是所有樓層裡售價最高的。

2016年，這間位於桃園縣府附近的1樓房子開價558萬，權狀28坪，使用坪數近35坪。進門路口處有著荒廢的雜草及擺滿廢棄物的空間。後院出去還有荒廢未整理的畸零地可用。一開始看到它要賣時，我就在想要怎麼把1樓的價值提升。我以400萬買入後，心想只要增加一個專屬停車位的空間，再把後面小花園布置一下，就可以賣出。

屋況除了有些漏水壁癌外，就是採光及通風非常差，還有漏

▲▶ 原始屋況。

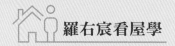
水冒泡泡的痕跡。加上有些破舊的家具要搬走處理,後陽臺的廚房也是早期原始的紅磚造流理臺。走出屋外就是無加蓋的雜草地。

看完整間房子後,我決定要把公寓 1 樓最有價值的停車空間與後花小庭院做出來。用簡單的綠化植物及仿木頭的地磚,營造悠閒休憩的感覺。

我將這間房子整理出五大特色和心得

1、通常五樓公寓在市場上釋出的數量比是 5 樓:4 樓:3

◀▲我將公寓一樓最有價值的停車空間和小庭院做出來。

樓：2 樓：1 樓＝ 5：5：3：2：1，有停車空間的 1 樓公寓，會比無車位的 1 樓增值 20% 到 30%。這間房子的情況剛好可以做出一個停車位，因為有很多 1 樓基地是無法做出後花園或停車空間的。

2、房子屬於 3 房格局，室內加附屬建物面積有 28 坪。因附近都是 4 樓高的透天厝或公寓，此 1 樓較適合賣給高齡的老人家居住。所以採光、通風反而不是 1 樓買方的主要訴求。

3、距桃園車站只要 5 分鐘車程，走路 5 分鐘內有全聯、早市等，生活機能非常好。

4、附近新屋的成交價都站穩 30 萬大關，一般屋齡 30 年、屋況一般的低樓層公寓也有約 15 萬的行情。這間整理後有停車位（在桃園區一個停車位價值至少 120 萬）和後花園空間，可以挑戰單坪 20 萬以上的行情。

5、沒有人會花總價 500 萬，買沒有停車位、需要花上百萬元整修才能入住的舊公寓。所以一開始就要有看出如何增加房子價值的眼力。如果沒有停車位，就算內部重新整裝，這個案子的價錢也不會太漂亮。

新增停車位＋後花園陽臺＋重新規畫整新，是這個案子必做的重點。從我的買入價 400 萬，貸款 8 成 320 萬，10 年期，年利率 2%，每月本利和為 16,189 元。自備款 80 萬，每月房貸必須繳交約 1.6 萬，加上其他雜費：仲介費 8 萬，代書費及相關稅費約 5 萬，裝潢工程成本約 150 萬，總共的成本為 563 萬。

最後我附帶著百萬裝潢，以市價 1 坪 24.28 萬賣出，因附近有停車位＋後花園的 1 樓並不多，賣 6 百多萬，在桃園區算是偏低，加上內部重新整理，所以很快就以總價 680 萬，賣給一對要退休的 60 歲老夫妻。最後扣掉仲介費及其他雜費，實拿約 650 萬，再扣掉買這間房子的成本，總共賺了 87 萬。

總成本 ➔ 400 萬＋13 萬（2% 仲介服務費含代書相關稅費）＋150 萬（工程裝修）＝ 563 萬。

現金支出 ➔ 400 萬×0.2（2 成頭期款）＝ 80 萬＋13 萬（2% 服務費含代書相關稅費）＋工程裝修 150 萬＋20 萬周轉金 ＝ 263 萬。

小叮嚀 ➔ 裝修期 3 個月要預先多抓 1 年的周轉金，以應付每月要付的房貸利息，以及萬一工程延誤的準備（12×16,189 ＝ 194,268，每月利息概算抓一半 8,000 元）。

獲利 ➔ 650 萬－成本 563 萬 ＝ 87 萬。

租金總收 ➔ 0

投報率 ➔ 87 萬 / 263 萬 ＝ 33%

頂樓公寓 3 房 2 廳變成 4 間套房，增值 100 萬

時間 ⇨ 持有 2 年。

　　2012 年我在近中壢市區的平鎮區買了一間頂樓公寓，格局是長方形，只有兩面採光，有前後陽臺，坪數 26 坪，屋況非常差，下雨天屋內還會下小雨。但近中壢海華特區，附近生活機能相當方便，離中壢車站只有 5 分鐘車程，離占地 8,000 坪的新勢公園，也只要 3 分鐘的距離，於是當時以 130 萬成交。

　　由於房子的屋況非常差，裡面到處是不堪使用的舊家具，環境也相當髒亂，印象最深刻的是，天花板因為屋主長年在國外

▲▶ 原始屋況。

居住，屋頂鋼筋外露。後來我花了 25 萬重蓋了一層 8 坪的天花板，終於解決了一般人不敢碰的嚴重問題。並花 160 萬的工程款重新隔出 4 間套房，連同頂樓外牆防水，以及室內裝潢設計，多做出兩間衛浴。這間房子後來在 2013 年，以總價 430 萬賣出，扣掉其他雜費、稅費代書及仲介費，賺約 77 萬。

我將這間房子整理出五大特色和心得

1、它屬於傳統老公寓，公梯間與樓下 1 樓大門門鎖壞掉，需要花時間整理與換新鎖。4 樓的住戶鞋子會擺到樓梯間，要幫鄰居買一個新的鞋櫃，避免鞋子占滿公共空間，讓整體環境看起來明亮整潔。

2、格局屬於長方形，兩面採光。權狀坪數為 26.52 坪，可改成 4 間套房。因為是頂樓，和臨棟棟距有 5 米寬，所以採光和通風都不錯，原始格局只有一間衛浴。

3、距離中壢車站車程 5 分鐘，距新勢 8,000 坪公園 3 分鐘，近壢新醫院、中壢海華特區，附近生活機能便利，附近有中小學與商圈。

4、以 140 萬工程款進行拆除磚塊、雜物清運、隔間牆、水電管線重拉配置、4 間衛浴設備、外牆頂樓防水、全新 4 間鋁窗戶、鍛造大門密碼鎖、4 間密碼鎖房門、陽臺三合一式拉門、壁紙、4 間房間、走廊木作造型。20 萬買家具家電和房間內設備（4 組）：訂做桌子、沙發、椅子、床組、衣櫃、冰箱、冷氣、電視、洗衣機。

▲ 我將有兩大房間的老公寓改裝成 4 間套房出租。

　　預期以 450 萬賣出，若出租每間房月租 6,500 元（年收租約 31.2 萬），賣給要當包租公的人，投報率 6.93%，比周遭附近的套房產品平均投報率 6% 高。

　　5、現在會買公寓 5 樓頂樓的年輕人已經不多了，加上還要擔心漏水、夏天炙熱的問題，大部分人也不愛，寧願換小一點，或加點錢去買小空間的電梯房與低樓層公寓。所以市面上很多的 4 到 5 樓公寓才會變更用途，變成收租型產品。

　　在這個物件中，重新規畫格局與增設 4 間新的廁所，等於重拉水電管路。從我的買入價 130 萬，貸款 8 成 104 萬，20 年期，年利率 2%，每月本利和為 5,262 元。自備款 26 萬。每月房貸必須繳交約 6,000 元，加上其他雜費：仲介費 2.6 萬元，代書費及相關稅費約 5 萬，裝潢成本我抓 160 萬，還有結構補強 25 萬。總成本為 323 萬。

　　最後我附帶著全新整理後的套房，以比行情高 7.25% 賣出，由於跟附近相比，我的報酬率算高的，加上內部剛重新整

理，所以很快就以總價 430 萬，賣給一位賣衣服的中盤商媽媽。最後扣掉仲介費及其他雜費，實拿約 400 萬，再扣掉買這間房子的成本，總共賺了 77 萬（不含租金收入）。

總成本 ➡ 130 萬＋8 萬（2% 仲介服務費含代書相關稅費）＋185 萬（工程裝修）＝ 323 萬。

現金支出 ➡ 130 萬×0.2（2 成頭期款）＝ 26 萬＋8 萬（2% 服務費含代書相關稅費）＋工程裝修 185 萬＋7 萬周轉金＝ 226 萬。

小叮嚀 ➡ 裝修期 5 個月要預先多抓 1 年的周轉金，以應付每月要付的房貸利息，還有萬一工程延誤的準備（12×5,262 ＝ 63,144 元，每月利息概算抓一半 2,600 元）。

獲利 ➡ 最後實拿 400 萬－成本 323 萬 ＝ 77 萬。

租金總收 ➡ 6,500×4×15 ＝ 39 萬。

投報率 ➡ 77 萬＋39 萬 / 226 萬 ＝ 51%

案例 **6** 舊式透天將套房汰舊換新，拉高投報，增值 300 萬

時間 ⟹ 持有 1 年半。

這是間舊式透天隔成 12 間套房的房子，屋主大約 10 年前曾把整棟重新改裝過。只是最近 2 年無心管理，加上搬遷到別處定居，只想快速賣掉資產換現金。

2015 年，這間房子開價 1,880 萬，因出租率低，只租出 3 間，加上其他間屋況沒整理，每間套房租金只有 4,000 元。所以

▲▶ 原始屋況。

賣了近 1 年，還是賣不掉。於是我用低於行情，總價 1,150 萬買下這間房子。而我只把 12 間房輕裝修加布置後，每間套房每月租金提高到 6,500 元，就以 1,550 萬在 18 個月後賣出。

房子位於中壢後火車站健行路巷子內，屋齡 30 年，地坪 25坪，建坪 40 坪，蓋 4 層半。室內可使用坪數約 100 坪，隔成 12間房，1 樓留約 8 坪的空間有部分停車空間，頂樓有露臺可晒衣服。整棟的結構及格局我沒有更動太多，只有更換天花板、地板、重換部分電路及衛浴設備，家具家電全換，加上油漆和裝飾品布置。

我將這間房子整理出五大特色和心得

1、附近周遭都是傳統式 2 到 3 層樓的老透天。房子面寬 4.5米屬於正常寬度，馬路 8 米也寬敞舒適。居住環境單純簡單，里長也住在同一條街上，方便溝通協調，除了樓下中間房無採光，前後間及 3、4 樓層皆採光佳。

2、因屬老舊透天＋套房收租產品，銀行只能貸款 6 成。房屋格局屬傳統長形 7：3 比例，兩面採光，總權狀坪數為 40坪，使用坪數 100 坪，隔成 12 間套房，提供中壢後火車站及大學生租屋需求。

3、路程離中壢車站 8 分鐘，屬於後火車站商圈。近中壢海華特區、中原大學、健行科大附近生活機能便利，附近有中小學。

4、以 130 萬工程款拆除、清運雜物、水電管線重拉配置、12 間衛浴設備部分更換、外牆頂樓防水、鍛造大門密碼鎖、12 間密碼鎖房門、壁紙、12 間套房重新油漆，換燈飾，與新房內設備：沙發、床組、衣櫃、冰箱、冷氣、電視、洗衣機等。

預期賣出價格為 1,600 萬，套房每間可收月租 6,500 元（年收租約 93.6 萬），賣給要當包租公的人投報率近 6%。周遭附近相關的透天套房產品，平均投報率為 5%。

5、考量現在會買透天套房收租產品，不是退休族就是媽媽族群，所以設計風格走現代簡約風，不做太多花俏的裝潢，免得浪費錢。加上要準備的現金門檻高，所以買方對於細節的要求也比較高。會擔心頂樓漏水和夏天炎熱的問題，所以隔熱防水一定

▲ 我將老舊的套房全都重新裝潢，這是其中一間。

要重做。附近還有健行科大商圈,車程也鄰近市區與中原大學,讓買方不必擔心找不到租客。

1 重新裝潢的另一間套房。
2 套房之間的走廊,我也用心布置一番。

　　這個案例的重點,是懂得降低採購成本,可以參考室內設計雜誌或是《幸福空間》節目。從我的買入價 1,150 萬,貸款 6 成 690 萬,20 年期,年利率 2%,每月本利和為 34,906 元。

　　自備款 420 萬,每月房貸必須繳交約 3.5 萬,加上其他雜費:仲介費 23 萬,代書費及相關稅費約 7 萬,裝潢成本我抓 130 萬,總成本為 1,310 萬。最後我附帶著全新整理套房,以比行情高 6.03% 賣出。

　　因為跟附近收租相比,我的投報率算高的,加上內部剛重新整理,很快就以總價 1,550 萬,賣給一個小孩剛要讀建行科大的媽媽。最後扣掉仲介費及其他雜費,實拿約 1,500 萬,再扣掉買

這間房子的成本，共賺了 190 萬（不含租金收入）。

總成本 ⇨ 1,150 萬＋30 萬（2% 仲介服務費含代書相關稅費）
＋130 萬（工程裝修）＝ 1,310 萬。

現金支出 ⇨ 1,150 萬×0.4（4 成頭期款）＝460 萬＋30 萬（2%
服務費含代書相關稅費）＋工程裝修 130 萬＋21 萬
元周轉金 ＝ 641 萬。

小叮嚀 ⇨ 裝修期3個月要預先多抓半年的周轉金，以應付每月
要付的房貸利息（6×34,906 ＝ 209,436 每月利息概
算抓一半 17,000 元）

獲利 ⇨ 最後實拿 1,500 萬－成本 1,310 萬 ＝ 190 萬。

租金總收 ⇨ 6,500×12×12 ＝ 93.6 萬。

投報率 ⇨ 190 萬＋93.6 萬 / 641萬 ＝ 44%

案例7 把透天套房變店面，變更用途，增值 500 萬

時間 ➔ 持有 1 年 8 個月。

這個案子也是位於中原大學附近的收租型產品，我看中的也是地點與租金投報率。2015 年，這間有 20 間套房（每間收租 4,000 元）的五層樓透天房子開價 2,680 萬，因為總價實在太高了，賣了 2 年還賣不掉。於是我把一樓套房改裝成店面，並招租成功，便增加了房子價值，和拉高將來的售價。

我只是增加一個 1 樓店面，和 2 樓做成工作室的型態，就以 2,200 萬，在 2017 年順利賣出。地點位於中原大學周邊熱鬧的夜市小區，屋齡 25 年，地坪 20 坪，室內近 110 坪，隔成 1 店

▲ 原本是老透天的房子。

面＋1 工作室＋15 間套房。我用透天套房類型的產品價格 1,800
萬，買下投報率 5.5% 的產品。

我將這間房子整理出五大特色和心得

1、附近周遭都是 4 到 5 層樓的透天。房子面寬 5 米、屬於
正常寬，馬路 6 米寬，不算太寬，屬尚可接受的路寬。因地處中
原夜市商圈及學區旁，出入分子較複雜。附近還有一些小商家，
有服飾店、義式餐館、小飾品店等。

2、屬於老舊透天＋套房收租產品，銀行認可只能貸款 6
成。格局屬於傳統長方形，兩面採光，總權狀坪數為 38 坪，使
用坪數 110 坪，隔成 20 間套房，有中原大學與外地工作人租屋
需求。

▲ 附近有生活機能方便的中原大學商圈。

3、離中壢車站 10 分鐘車程，屬於中原大學商圈，也近中壢工業區、元智大學，生活機能便利，假日人潮眾多。

4、以 220 萬工程款拆除 1 樓與 2 樓、雜物清運、1 樓與 2 樓水電管路重做、15 間套房水電管線部分重拉配置、17 間衛浴設備部分更換、外牆頂樓防水、鍛造大門密碼鎖、15 間密碼鎖房門、壁紙、15 間重新油漆及燈飾、家具家電包含房間內設備（15 組）：沙發、床組、衣櫃、冰箱、冷氣、電視、洗衣機。

15 間套房預期以 1,650 萬賣出，每間月租金行情平均 5,500 元，共 15 間（年收租約 99 萬元）賣給要當包租公的人，投報率近 6%。周遭附近相關的透天套房產品平均投報率為 5%。

1 樓 20 坪店面以月租 2 萬，租給一家豆花冰品店。2 樓以 1.2 萬出租給美甲工作室。店面租金共收 3.2 萬（年收租約 38.4 萬），投報率 3.5%，比周遭店面的平均投報率高 2.5 到 3%。二線店面只要投報率破 3.5%，帶租約賣就非常好賣。所以店面價格預計賣 1,097 萬。店面加 15 間套房預期賣價為 1,650 萬＋1,097 萬＝2,747 萬。

5、現在會買透天店面加套房收租型產品的人，主要為退休族及置產族，所以設計風格要保守簡約，對租客的素質管控也要講究，尤其店面的租客素質與行業，會影響房子最後的賣價高低。

加上要準備的現金較多，所以買方對細節的要求也較高，不僅要幫買方找好租管業者，還要加上遠端遙控監視等設備。

◀經過我整理後，現在是有店面、
　有套房的透天厝。

　　這個物件的重點，是打掉原本的套房重做，所以我要多花近
100 萬做改造工程，在一樓多做一個 70 公分的走道空間，再打掉
1 樓的 4 間套房，重做店面的水電管路。2 樓也一樣打掉重做，
留一間套房。剩下的 15 間套房用輕裝修重新整理布置。

　　從我的買入價 1,800 萬，貸款 6 成 1,080 萬，25 年期，年利
率 2%，每月本利和為 45,777 元。自備款 720 萬。每月房貸必須
繳交約 4.6 萬，加上其他雜費：仲介費 36 萬，代書費及相關稅
費約 10 萬，裝潢工程成本 220 萬，總成本為 2,066 萬。

　　最後我附帶著全新整理後的兩間店面＋15 間套房，以比行

情高的價格賣出，由於跟附近相比，我的投報率算是高的，再加上內部重新整理，所以很快就以總價 2,550 萬，賣給一對退休的老夫妻。最後扣掉仲介費及其他雜費，實拿約 2,480 萬，再扣掉買這間房子的成本，總共賺了 414 萬（不含租金收入）。

總成本 → 1,800 萬＋46 萬（2% 仲介服務費含代書相關稅費）＋220 萬（工程裝修）＝ 2,066 萬。

現金支出 → 1,800 萬×0.4（2 成頭期款）＝ 720 萬＋46 萬（2% 服務費含代書相關稅費）＋工程裝修 220 萬＋28 萬周轉金 ＝ 1,014 萬。

小叮嚀 → 裝修期 6 個月+招租店面花了 2 個月，要多抓半年的周轉金以應付每月要付的房貸利息（6×45,777＝274,662，每月利息概算抓一半 22,500 元）。

獲利 → 最後實拿 2,480 萬－成本 2,066 萬元 ＝ 414 萬。

租金總收 → 5,500×15 間×12 個月 ＝ 99 萬＋32 萬（3.2 萬×10 個月〔因店面轉租時會有較長空置期，所以不能算滿 12 個月〕）＝ 131 萬。

投報率 → 414 萬＋131 萬 / 1,014 萬 ＝ 54%

案例 8　將透天拆解分別出售，增值 650 萬

時間 ⇨ 持有 2 年。

　　2015 年，這是間位於桃園觀光夜市中正路的收租型產品，看屋時除了地點與投報率外，店面的行業別也引起我的興趣。這間房子最特別的是，建物本身有五張權狀，一個樓層一張，共 5 層樓，可以分開賣。

　　現在 5 層樓一起賣開價 4,980 萬，目前 1 樓店面是租給連鎖飲料店＋樓上的 17 間套房，所收的店面（有一荒廢的地下室）＋套房總租金為 15 萬。桃園市區店面的平均投報率 2.5 至 3%，

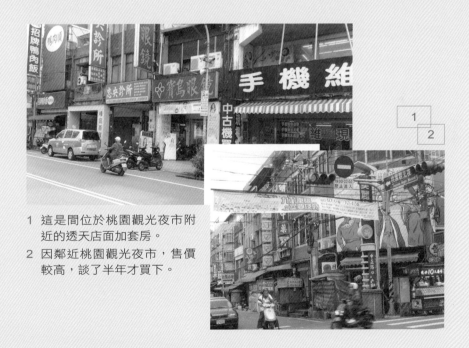

1　這是間位於桃園觀光夜市附近的透天店面加套房。
2　因鄰近桃園觀光夜市，售價較高，談了半年才買下。

套房投報率 5 到 5.5%，但兩者是不同產品，總價差數倍。現在就來看看如何操作，才能增加房子的價值。

2015 年，在桃園透天套房加店面，5,000 萬的總價太高，因為這幾年市況差，所以賣了 2 年還賣不掉。

而我用分割法，將這間分成 5 個單位分批賣出，加上把地下室翻整出租，樓上套房也重新整修以拉高租金。

這間位於桃園市觀光夜市周邊區屋齡 38 年，地坪 36 坪，權狀坪數 142 坪，隔成 1 店面＋1 地下室＋17 間套房。這間案子我從看到至買下，共談了半年之久，才以 3,800 萬成交，這是屋主的進場成本。

這案子外觀看起來像透天，但裡面就像傳統公寓一樣，一層雙戶，我們是其中一邊，另外一邊是別人的產權。屋況維持得還不錯，除了地下室之前經營漫畫店，裡面有很多廢棄書籍。樓下因鄰近銀行與觀光夜市，人潮不斷。

我將這間房子整理出五大特色和心得

1、附近周遭都是 4 到 5 層樓的透天店面。房子面寬 5 米、屬於正常寬，馬路 10 米是主要幹道。因處在桃園夜市商圈周邊及主幹道旁，出入分子較複雜。附近有一些連鎖品牌商店，有飲料店，電信業，外商銀行等。

2、屬於老舊透天加套房店面收租產品，銀行認可只能貸款

6成。格局屬傳統長方形比例，好處是前後兩面採光都不錯，只有中間無採光。總權狀坪數為142坪，使用坪數150坪，已隔成17間套房＋1店面＋1地下室，附近有服務業人口與外地工作人口租屋需求。

　　3、屬於桃園市區主要幹道中正路和三民路口。離桃園車站10分鐘車程，屬於觀光夜市商圈。也近藝文中心、市場、中小學，生活機能便利，假日觀光人潮眾多。

　　4、共花250萬清運地下室雜物、重做地下室水電管路、17間套房水電管線部分重拉配置、17間衛浴設備部分更換、外牆頂樓防水、鍛造大門密碼鎖、17間密碼鎖房門、壁紙、17間重新油漆及燈飾、家具和家電包含房間內設備（17組）：沙發、床組、衣櫃、冰箱、冷氣、電視、洗衣機。

▲ 我將樓上改成大小不一的套房，這是其中之一。

▲ 改裝後的另一間套房。

　　17 間套房預期以 2,210 萬賣出，拉高每間月租金到 6,500 元，共 17 間（年收租約 132.6 萬）賣給當包租公的人，投報率近 6%，比周遭投報率為 5% 的套房產品高。

　　1 樓店面 36 坪，以 4.5 萬租給一家連鎖飲料店，地下室整新後以 1.5 萬租給在夜市做生意者當倉儲用。店面月收租金升為 6 萬（年收租約 72 萬），投報率為 3%，比周遭附近相關店面的投報率 2.5% 至 3% 之間要高。一線店面只要投報率破 3%，加帶租約賣，就非常好賣。經我調整後總收租金提高 3 萬，變成約 18 萬。所以預計 1 樓加地下室的店面賣 2,400 萬。

　　1 樓＋地下室店面＋17 間套房預期賣出價格為 2,400 萬＋ 2,210 萬＝4,610 萬賣出。

5、現在會買透天店面加套房收租型產品的人，主要為退休族及置產族。所以設計風格走保守簡約風，也要挑租客，因為店面的租客素質與行業會影響房子的售價。考慮 4,500 萬總價在桃園還是偏高，我打算拆成 1 樓加地下室賣 2,500 萬、2 樓賣 600 萬、3 樓賣 600 萬、4 樓賣 550 萬、5 樓賣 530 萬，共 4780 萬的預期價。

這個物件的重點在於有分割產權，如一開始沒有分割權狀，也可以跟代書或仲介討論可不可以分割出售。因為分割可以降低每個單位的總價，較不愁找買家，但我要多花 250 萬再做加值加工。

從我的買入價 3,800 萬，貸款 6 成 2,280 萬，25 年期，年利率 2%，每月本利和為 96,639 元。自備款 1520 萬。每月房貸必須繳交約 10 萬，加上其他雜費：仲介費 50 萬，代書費及相關稅費約 15 萬，裝潢工程 250 萬，總成本為 4,115 萬。

最後我附帶著全新整理店面＋地下室＋17 間套房，以比行情高的 6%、3.5% 賣出。跟附近比起來，我的投報率算是高的，加上內部剛重新整理，所以很快就分別拆成 1 樓加地下室賣 2,350 萬、2 樓賣 580 萬、3 樓賣 565 萬、4 樓賣 530 萬、5 樓賣 510 萬，總共花了近 1 年的銷售期分批賣出。最後扣掉仲介費及其他雜費，實拿約 4,450 萬，再扣掉買這間房子的成本，總共賺了 335 萬（不含租金收入）。

總成本 ⟹ 3,800 萬＋65 萬（2% 仲介服務費含代書相關稅費）＋250 萬（工程裝修）＝4,115 萬。

現金支出 ➡ 3,800 萬 × 0.4（4 成頭期款）＝ 1,520 萬＋65 萬（2% 服務費含代書相關稅費）＋工程裝修 250 萬＋58 萬周轉金＝ 1,893 萬。

小叮嚀 ➡ 裝修期 6 個月＋店面招租花了 2 個月，要預先多抓半年的周轉金以應付每月要付的房貸利息（6×96,639 ＝ 579,834，每月利息概算抓一半 48,000 元）。

獲利 ➡ 最後實拿 4,450 萬－成本 4,115 萬＝ 335 萬。

租金總收 ➡ 6,500×17 間×18 個月（裝修半年）＝ 198.9 萬＋120 萬（6 萬×20 個月，店面不需要裝潢）＝ 318.9 萬。

投報率 ➡ 335 萬＋318.9 萬 / 1,893 萬＝ 34.5%

案例9　把蚊子商辦分割出租，每年租金破百萬

時間 ➡ 持有 2 年。

　　全臺灣最大的空屋比，不是住宅，而是商辦大廈。商辦講究的是區域市場需求，越接近市中心、需求越大，在臺北市精華區尤其明顯。其他縣市也有商辦的市場需求，但通常都是供給大於需求。出了臺北市區後，當一整層商辦的租金跟傳統透天店面租金價格相距不大時，大家通常會選擇透天做營業登記使用，因為使用坪數大且辨識度高，例如中壢的透天店租在 5

▲ 原本是蚊子館的辦公大樓。

萬內，商辦租金行情也是 5 萬左右，這時大家就會選擇承租有 1 樓的透天，至少辨識度高。

2016 年，這是間距離中壢車站走路 5 分鐘的商辦大樓，權狀 65 坪，開價 1,788 萬的 6 樓商辦。評估商辦大樓的重點在於鄰居的行業，因為會有劣幣驅逐良幣的現象。試想整棟樓裡有網咖，有酒店，租金及售價怎麼高得起來？所以要挑有補習班或是健身房、書店、事務所等，比較正常的行業大樓，這樣租金及價格才會較高。

我一進大門，第一眼注意的不是這棟樓的外觀或是屋齡，而是直接掃視左牆上所列的公司行號是什麼行業，然後有多少空的樓層，以及有多少樓層在招租。一確認沒有特別行業後，就直接搭上電梯到 6 樓去看。一層一戶，裡面是開放式的格局，窗戶邊嚴重漏水，廁所也是年久失修，感覺很久沒有人使用，最後以一坪 18.46 萬，總價 1,200 萬買下。

我將這間房子整理出五大特色和心得

1、附近周遭都屬 4 到 5 層樓的透天店面。這間房子 3 面採光，馬路 12 米、是主要幹道。居住環境因處在中壢火車站前商圈周邊及主幹道旁，有許多學生及上班族經過，出入分子較複雜。1 樓附近有一些連鎖品牌商店，像是飲料店、電信業、外商銀行等。

2、屬於商辦型收租產品，銀行認可只能貸款 7 成。格局屬於 6：4 長正方形比例，好處是前旁後 3 面採光都不錯，只有中

▲ 我將原本陽春的裝潢重新改裝。

間比較無採光。總權狀坪數為 65 坪，使用坪數 60 坪（有增建 8 坪）可以隔成 10 小間商務空間加 1 間會議室，附近有服務業人口與外地工作者需求。

　　3、屬於中壢市區主要幹道中山路和復興路口，距中壢車站 8 分鐘路程，屬於中壢站前商圈。也近海華特區、中正公園，附近生活機能便利、平日人潮眾多。

　　4、共花 200 萬清運雜物、10 間房間水電管線部分重拉配置、1 間衛浴設備部分更換、天花板地板重新更換、外牆防水、密碼鎖房門、重貼壁紙、10 間重新油漆及燈飾、家具和家電包含房間內設備（10 組）：會議辦公桌椅、電視、冷氣、租用影印機、投影設備、木作造型設計。

▲ 現在是充滿現代感的辦公空間。

5、這 10 間會議辦公空間，預期出租價格為每間 9,000 元（未含管理服務費），100% 出租總收共 9 萬。因為要請櫃檯小姐及水電費用和影印費，以及使用會議室時段等服務細項（有使用才付費），預估賣掉的投報率為 6%，年收租金為 9 萬×12 ＝ 108 萬，108 萬 / 0.06 ＝ 1,800 萬（至今還未賣掉）。

要買這個物件，需具備能找到租客的能力，如果當地沒有這樣的租屋需求族群，分割成小商辦空間也是沒用的。當地商辦空間的每月租金行情為 40,000 元（中壢商辦平均單坪為 500～700 元），所收的租金跟透天店面收的租金差不多，所以提升租金是一大重點，但要多花 200 萬做這些工程。

從我的買入價 1,200 萬，貸款 7 成 840 萬，25 年期，年利率 2.5%（因商用不動產），每月本利和為 37,684 元，自備款 360 萬，每月房貸必須繳交約 3.8 萬，加上其他雜費：仲介費 24 萬，代書費及相關稅費約 10 萬，裝潢工程成本 200 萬，總成本為 1,434 萬。

總成本 ➡ 1,200 萬＋34 萬（2% 仲介服務費含代書相關稅費）＋200 萬（工程裝修）＝ 1,434 萬。

現金支出 ➡ 1,200 萬×0.3（3 成頭期款）＝ 360 萬＋34 萬（2% 服務費含代書相關稅費）＋工程裝修 200 萬＋46 萬周轉金 ＝ 640 萬。

小叮嚀 ➡ 裝修期 3 個月＋10 間辦公室全部招租完花了 6 個月（因需求方較一般租住宅需求少），要預先多抓 1 年的周轉金以應付每月要付的房貸利息（12×37,684 ＝ 452,208）。

獲利 ➡ 總投入 640 萬，若每年 100% 滿租收賺 108 萬。

租金總收 ➡ 9,000 元×10 間×9 個月（空置期 2、3 個月）＝ 81 萬（因現在尚未滿租）。

投報率 ➡ 81 / 640 ＝ 12.65%

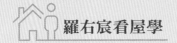

 **不買房當二房東，靠收租金多一份薪水**

時間 ➔ 持有 2 年。

　　這間二房東的案子，是位於中壢後站健行路巷弄內的收租型產品，除了地點鄰近火車站與投報率外，我看上的是屋齡約 25 年，但外牆曾拉過一次皮，所以看起來沒很舊。這間狀況是，原有 12 間套房＋1 店面＋1 頂樓鐵皮加蓋。屋主只出租 2 間，每月收租 4,000 元，剩下全空著，現在就來看看如何操作，才能增加房子的最大價值。

　　2015 年，這間五層樓地坪 25 坪的三角窗透天屋主，因為這幾年市場每況愈下，賣了近 2 年還賣不掉，原本開價 2,000 萬，

◀原始屋況。

因總價太高，屋主也不缺錢，就把房間空著近 1 年。

　　我大學就做租賃管理工作，因而認識這位張房東。我一直在想如何活化這間房，最後我跟房東談了 2 個月，決定花 50 萬，升級每間套房的家電，如此可將每間租金提高到每月 5,000 元，店面則交給文創咖啡廳經營，每月收租 1.2 萬。我跟房東談租約，一次簽 10 年，套房每間以月租 2,000 元、店面每月 1 萬，跟他租屋。

　　我每月要給付房東租金 2,000×12（間）＋10,000（店面租金）＝ 34,000元，先給房東兩個月租金，還有周轉裝修期保守抓 5 個月，共 8 個月租金 8×34,000 ＝ 272,000元。

總成本➜ 現金支出：27.2 萬（租金）＋50 萬（家具電）＝77.2 萬。

現金支出➜ 10 年支出現金為 77.2 萬，一年攤提現金支出為 77.2 / 10 ＝ 7.7 萬元。

小叮嚀➜ 裝修期 1 個月＋招租期套房＋店面花了 3 個月（因需求方較一般租住宅需求少）要預先多抓周轉金，來付每月的房貸利息（8×34,000 ＝ 272,000）。

　　總投入 77.2 萬，一年攤提支出 72,000 元。套房滿租，一年收租金 72 萬；店面每月收 1.2 萬，但店面會有招租空置期，所以打 8 折算，年收租金 11.52

萬，一年租金共收 83.52 萬（72 萬＋11.52 萬）。一年要給房東 40.8 萬，所以淨收 42.72 萬（83.52 萬－40.8 萬）。

租金總收 ➜（6 萬×12 個月＋1.2萬×12個月×0.8）－（3.4 萬×12 個月）＝ 42.72 萬。

投報率 ➜ 42.72 / 7.7 ＝ 555%

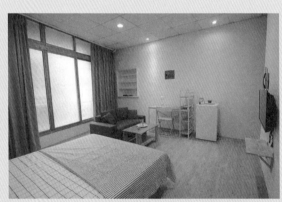

1 3
2

123 經過我重新裝潢的套房和衛浴。

善計算加上合約約束，當穩二房東

案例 10 看似投報率超高，但是要承擔的風險也高。這案子在沒有所有權的狀況下，要懂得透過合約約束房東違約賠償，需要專人管理 13 個單位的租客，還要會節省成本、做好輕裝潢及管理的技術。

當二房東要注意的細項、成本非常多。以我為例，主要負責裝潢整理到最後出租管理，賺的是扣掉每月給大房東的租金後的利差。

市場上有許多這種商業模式，大到企業財團租一塊地的地上權 50 年，蓋完大樓後作營業使用，因為會有時間差上的價值，所以建造成本必須在幾年內攤提完畢，越早攤提完風險越低。

小單位套房也可以如此操作。例如，每月租金行情 5,000 元，因為家具破爛不堪使用，還有屋況差需要整理，你跟屋主殺至每月租金 2,000 元，但花了 5 萬整修與採購新家具。不要覺得表面上賺租金 3,000 元很多，中間還有很多看不見的成本與合約上的細節，所以我現在一一告訴你，要做好功課、算清楚成本，才能不吃虧。

裝潢費要在合約三分之一期內回本

因為每間房子的狀況不同，需要裝修的款項也不同，主要看得花多少錢來攤提時間成本，裝潢費一定要在合約 1 / 3 期間內回本。

　　我有一位朋友小陳在臺北市大安區做仲介，因為平常都花大量時間開發案源、接觸很多屋主，因而認識一位定居國外，但有房子在延吉街的 36 坪 2 樓公寓的屋主，這屋子已經 20 年都沒有住過人，所以屋況、牆壁斑駁老舊不堪。

　　房子需要花一大筆錢整理，所以小陳靈機一動，跟屋主議價租 10 年租約，因附近 3 房 2 廳租金行情為 30,000 元（未裝潢附家具、家電）。小陳以市價 6 折 18,000 元租到這間房子，他答應屋主會把屋況修繕整理好，然後隔成 6 間套房之後轉租他人，10 年租約到期後，所有的家具、家電及裝潢都送給屋主。

　　小陳除了一開始付押金 2 個月 36,000 元外，還花了約 200 萬裝修款隔成全新裝潢的套房，包括修繕壁癌、管路間的漏水，重新整裝完後，以每間每月租金 15,000 元出租。

　　每月的利潤成本為 15,000×6－18,000（給屋主每月房租）＝72,000，72,000×0.8（保守抓空置比率）×12（月）＝69.12 萬，一年淨收 70 萬，每間套房的押金為 3 萬，都租滿的狀況下，小陳會有 18 萬的押金可做資金運用。

　　必須準備的現金為 3.6 萬＋200 萬（裝潢款）＋一些相關費用 5 萬＝210 萬。

　　210／70＝3 年，所以只要出租超過 3 年，他花的現金成本就全部都回來了。

　　剩下的就是70萬×7（剩下的7年）＝490萬（總利潤），490萬/10（攤提年租期）＝49萬，等於一年可為自己加薪49萬。

改裝房屋的五大流程

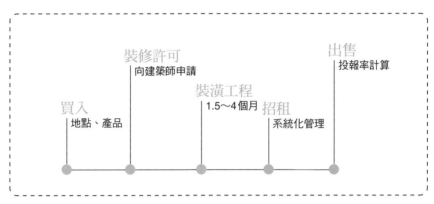

估算物業管理和投放廣告成本

　　如果自己是當仲介還好，房間數量少時，小事情或服務都可以自己跑或自行處理。但如果房間數多時，就要請專業的租賃物業代管公司處理大小事情，例如：定期環境清潔、收取租金款項、設備維護、處理租客糾紛問題等。管理一間套房的行情，就是一個月租金的10%，租金10,000元就收費1,000元。比較大規模的就會請專人24小時服務，像五星級飯店一樣，所需成本就會越高。

　　你可將你的租屋廣告上傳至591租屋網，有分200元至1,500元等級，或放到社區布告欄及市公所公布欄（每月100元），或是製作大型廣告看板，放在人潮量大的地區露出。

家具、家電折舊成本這樣抓

家具、家電使用久了一定要花錢修繕及更新，但租客有沒有愛惜及維護，就會差很多，破壞力強的不到半年就完全不能使用，也有租客衛生習慣良好，電器用了 5 年，都還可繼續使用。通常每間套房每年要抓 5,000 元做修繕（未含大型家具、家電更換）。

2014 年時，我們在桃園市中壢市區元化路上租一棟原來有 10 間小套房的透天，因為房東住在臺北、不易於管理，加上套房設備老舊，已空了 2 年，壁癌漏水沒處理，屋況一直惡化。評估後我們花了 30 萬，將 10 間套房更換部分家具、家電（約一半統統換掉）、全棟油漆、處理漏水、壁癌、換壁紙、鋪塑膠地板、更換部分衛浴零件等。

所以我們就用一間套房每月 2,500 元的行情跟房東承租。租期為 8 年，目前每間套房每月可出租收 5,000 元，10 間為 50,000 元。一個月所賺的利潤約 25,000 元，這是最好的狀況，接下來一一拆解所需注意的成本。

（5,000－2,500）×10 ＝ 25,000 元，25,000×12 ＝ 300,000 元，30 萬×0.8（空置比率）＝ 24 萬，且在滿租的狀況下，共有 9 萬元的押金可做資金運用。

現金支出：5 萬（押金 2 個月）＋30 萬（裝潢款）＋一些相關費用 5 萬 ＝ 40 萬。40 萬 / 24 ＝ 1.6 年，所以只要出租超過 1.6 年後，你所花的現金成本就全部回來了。

所以剩下就是 24 萬×6.5（剩下的年份）＝ 156 萬（總利潤），156 萬 / 8（攤提年租期）＝ 19.5，等於一年為自己加薪 19.5 萬。

看到這裡，大家有沒有發現問題？為什麼一樣的商業模式，桃園市攤提回本的年限要壓縮在 1.5 年，而臺北卻可以拉至 3 年，且每年賺的還比較多？原因是一樣的人力管理套房間數，臺北市區的套房租金行情高，每年續租率高（因北市買房大不易），空置期低，所以隱含的管理成本都比桃園少，以這種商業模式簽約，年限越長越好，尤其是建造或裝潢成本高的個案。所以一樣的做法，在每個區域的行情與成本都不同，要先做功課再下手。

二房東在法律上要注意什麼？

我們不像一般大企業要租別人的店面營業使用，或是飯店管理有專業律師團隊負責擬訂合約內容。我的建議是，要去做法院公證較有保障。

同時雙方約定：

1、出租人出售房屋時，買方及購買人在租賃期效內，不得違反本租約，即遵守買賣不破租賃原則，與出租人在租賃期間內不得任意漲價租金。

2、出租人甲方同意承租人乙方轉租全部承租之房屋。

3、若出租人、承租人雙方提前解約，應賠償的金額與條件要先講好。

4、如房屋有發生天災或是人為災害不可抗拒之情形，導致房屋價值減損或損壞時，通常是由出租人負責處理與修繕房屋，但如因承租人過失致房屋毀損，由承租人負責處理與維護。

5、房屋的一些不固定物（一般家具、家電），與冷氣、固定櫥櫃、廚具等固定物，是交由誰負責處理修繕，一樣先拍照存證。

第三章

只有你想不到，
沒有辦不到的
貸款方式

　　一般人對於買房的刻板印象是，一定要準備大筆的頭期款；許多老一輩的人甚至認為，買房的貸款金額要越低越好，繳的利息錢要越少越好（20 年前房貸利率都在 5% 以上），心中的安全感才足夠。但投資不動產有一個其他投資工具都沒有的優勢，就是可以彈性運用財務槓桿操作。

低利率時代，借錢買增值標的，最划算

　　但在低利率（2%）的現代，貸款的金額是越多越好，甚至年限若能拉到 30 年，就不要只用 20 年。為什麼？因為如果你現在貸 100 萬，30 年後的貨幣價值已經不值 100 萬了，通膨會吃掉「金錢價值」，更何況繳完 30 年後，房子的所有權還是你的。

　　以 2018 年平均 1.8% 的房貸利率來看，每貸款 100 萬，1 年要繳的利息是 1.8 萬（每月付 1,500 元的利息），30 年總共要繳 54 萬的利息。但你仔細想想：

　　一、30 年後 100 萬（本金）＋ 54 萬（利息）價值的金錢貨幣，是否能換到等同現在價值 154 萬的商品？

　　二、你只要找到大於 2% 的低風險投資性產品，房地產的成本就相對較低。

　　我的意思是，你現在借錢買房，但未來房產會增值，不但會補償給你，還綽綽有餘。

　　房地產產品五花八門，小至小坪數套房，大到好幾千坪的建地，每種產品能運用的槓桿成數與風險性都不同。

　　2015 年時，我有個朋友在高雄火車站附近找到總價 100 萬的電梯華廈套房（權狀坪數為 8 坪），房貸貸了 8 成（個人信用薪資條件好），每月租金收入為 5,000 元，所以他只準備 20 萬現金，就開始投資房子了。

　　100 萬×0.8 ＝ 80 萬，以 25 年期，利率 1.8% 算，每月所繳的本金和利息為 3,314 元。剩下頭期款的 20 萬以信貸 7 年期，利率 4% 來計算，本金加利息為 1,556 元。他靠租金繳利息，綽綽有餘。這等於是透過你個人的好條件，合法的將銀行的錢，搬去投資房地產。

有固定收入，銀行就會給你要的貸款條件

　　但問題是，你要怎麼跟銀行談條件，才能談出好的利率？跟銀行談判的優先順序為：成數、利率、寬限期條件。現在銀行評估貸款條件的依據主要有兩個，一是個人條件，二是房屋條件。所以，個人若有優勢條件（如有固定的收入證明），就有利於你和銀行談到較有利的貸款條件。

　　大眾型產品像是都市裡的電梯華廈，銀行核貸華廈的成數落在 7 至 8 成，小眾型產品的成數會落在 5 至 6 成，像是店面、老式透天、土地等。房貸成數依個人條件可微幅增多。

　　在如今全世界都處於低利率時代，房地產等於擁有最大槓桿優勢，你已經很難找到像房地產這般能快速、合法跟銀行搬錢，然後只要付 1% 左右利率的投資聖品了。所以投資房地產，是每個人都需了解的功課。

▲銀行評估貸款的依據有二，一是個人條件，二是房屋條件，如大眾型產品：都市裡的電梯華廈，銀行核貸的成數多在 7 至 8 成。

只有你想不到，沒有借不到的方式

買房子的錢只有 3 種：

1、自己存的錢＝無利息成本，但時間成本重。

2、銀行的錢＝抵押品貸款與信貸－利息。

一般人買房還是要跟銀行貸款，如何才能有效運用銀行的錢來滾錢，後續章節會談到。

3、合作的錢＝私募或是法人公募資金－利潤比例分配。

比較常見的是法人公募資金，例如壽險公司以 10 年、20 年期為單位的儲蓄險產品，給你每年 2.5 ％的報酬，20 年到期後

還你本金加計利息。大家是否想過壽險公司會把這些錢放在哪裡？他們還是會把募資來的錢，放在風險較低又具增值效應的房地產上。

其實，真想買房的話，你有很多借錢方式，現在舉幾個例子供參考：

1、跟親朋好友借：但要小心，因為很多糾紛官司都從最親的人開始，而且常常翻臉不認情，所以我個人並不建議。

2、跟銀行借：除了房貸、信貸，還有裝潢裝修款的錢也可以借，還可以談寬限期與每年繳交的利率區間。

3、跟房地產同好合資：可以找有基本行情概念和房地產觀念的朋友，合作會較順利，也可一起處理未來會發生的狀況。

4、跟屋主借：跟屋主借錢？沒有錯！你跟屋主（賣方）買後，可開本票給他，並支付一定利息來借頭期款，但因為全部的錢都是別人的，槓桿較大，只適用於低風險的產品。

5、跟房仲借：跟比較熟的房仲說：你花時間幫我們找尋可投資的標的產品，然後一起出錢合作投資，再拆分利潤。

當然，所有合作所需的資金都要付利息，只是多或少而已。但錢其實不是最大風險，與「人」的合作關係才是關鍵。人們常常說變就變，不按牌理出牌，所以相關的法律合約與防範毀約條件，都要事先講明白，白紙黑字寫清楚。

▲ 跟銀行借錢買房，除了房貸、信貸，還有裝潢裝修款的錢也可以借，還可以談寬限期與每年繳交的利率區間。

投資房地產，要先想成本和風險

買房需要準備的現金為：頭期款＋房屋貸款。

每項地產產品能貸到的成數，會因銀行與借款人信用狀況而不同。一般而言，大樓型房屋通常能貸到房屋總價的 7 到 8 成；而公寓、透天產品，則能貸到房屋總價的 6 到 7 成。

還有「隱藏性金額」包括：仲介費、代書費、契稅、印花稅、裝潢費、家具、家電費用等。所以真正要準備的現金為：頭期款＋相關稅費＋裝潢家具、家電費用。

我有一位朋友，2015 年在高雄農 16 重劃區投資總價 500 萬

的 2 房、坪數 26 坪，屋齡 10 年的電梯華廈，預計收租 2 年後轉賣，她個人的借款條件不錯，可貸到 8 成。

頭期款2成為100萬＋相關稅費15萬（含2%仲介費10萬）＋裝潢、家具、家電40萬（室內坪數18坪保守預算）＝155萬。

貸款 8 成為 400 萬，利率 2％，30 年期，寬限期 2 年，等於每月要還 9,544 元。這間房不含管理費，每月可以收租 13,000 元。

隨便一算，我的朋友至少要拿出現金近 160 萬，假如房貸只能貸到 7 成，她就要準備更多的現金。此外，我的朋友投資這農 16 中古屋的風險是？

風險 1、現金 155 萬投進去，兩年後市場下跌。

風險 2、每月要繳交 9,544 元的利息錢，現在用 13,000 租金去抵，2 年寬限到期後，連本帶利每月要還 20,000 元。

風險 3、房子承租的空置期、維修折舊費用，最大的風險是因租客所產生的糾紛與發生意外事故。

所以我的建議是，投資前先不要想這房子能獲利多少，而是反向思考，最壞結果是什麼？

風險 1、2018 年全臺市場普遍不好，2015 年一坪買 19 萬，現在可以賣多少？現階段高雄農 16 屋齡 10 年左右的電梯華廈單坪 16 到 17 萬，現在賣一坪賠 2 萬。她現在的損失等於：26 坪 ×2 萬 ＝ 52 萬＋相關稅費 15 萬（含 2% 仲介費 10 萬）＋裝潢家具電 40 萬 ＝ 107 萬。最壞的結果是當初投入的現金 155 萬，直接丟到法拍市場去。

風險 2、兩年寬限期取消後，每月要多準備 7,000 元給銀行，假如薪資負擔得起，就可堅持持有。

風險 3、俗話說沒有賣不掉的房子，只有賣不掉的價格。同理，沒有租不掉的房子，只有租不掉的價格。空置期可以用降低 10 到 20% 租金來解決，維修折舊費用則看租客的維持程度，因此篩選租客就非常重要。

花 80% 心力好好篩選租客，就可以只花 20% 的管理時間。和租客保持良好溝通，就會降低糾紛的機率，萬一哪天發生變故，房價就打 6 折，原價 500 萬以 300 萬賣出，現在還可投保富邦人壽的凶宅險以降低損失。

看到這裡，如果你對房地產投資還是會懼怕、恐慌，就不要勉強了。但如果你可以接受最壞的結果，恭喜你成功踏出第一步。你已有投資不動產的風險觀念。

上班族未來退休就靠收租金

以前的上班族，每月的薪水就足以應付生活開銷，退休後還有年金可以舒適的過生活。但現在就算是正職加兼職，也難以應付未來物價高漲、養兒敬老，更遑論退休後要過什麼生活了。接下來的時代，光靠薪水很難維持家庭幸福與實現自己想做的事。

當年我從學校畢業，走出溫室，面對真實世界，看到社會新鮮人薪資才 22 K，發現想要靠薪水買房，根本難如登天。我更

發現在多元競爭激烈的臺灣社會，光靠努力認真讀書，不足以找到好工作，因為每個行業都有厲害的競爭對手。

　　二十多年前，當手搖茶剛興起時，開一家賺兩家，錢就像源源不絕的流水一樣，流入剛興起的產業，當時網路資訊沒那麼透明，新興行業容易賺到市場熱錢，所以買房投資不像現在盛行，因為投資新興產業賺的都比房子多。但隨著時間流逝，新興產業這塊大餅由許多人快速瓜分稀釋，優質的品牌被社會大眾接受留下，服務不好的公司就被淘汰，而市場上閒置的資金慢慢就流入具抗跌性的房地產。

◀成為包租公、包租婆，是可以安穩退休、無後顧之憂的選項之一。

年輕人靠努力和拚勁無法擠下前輩，因為當主管的資深長輩，被社會現實逼得要繼續待在工作崗位上。而已經做起來的大品牌或大企業，更壟斷這個社會上的所有資源，設下重重障礙，讓所有想進新興產業的年輕人不得其門而入。

當我知道大企業壟斷資源時，就知道我必須調整心態，在接下來的時代，應該將不動產視為收入的來源之一。新聞媒體曾統計過，有 **70% 的人一生的夢想就是有一間收租房**，不用每天辛苦的工作，就可以過愜意的生活。

其實當包租公是很辛苦的，沒有你想像的那麼美好。這是一門功課，更是一門生意，就像生小孩，需要用心照顧、教育到他能自力更生，之後才能賺錢供養你。這是需要學習的。

不過，現在有人將包租做成商業模式，想要當包租公，已經沒有那麼難，甚至不需要準備頭期款買賣房子，也能經營收租，每個月就有錢進你口袋。

第四章

用3問2指標
找到速配的裝修團隊

我去看老屋時，一定會先帶設計師或工班同行。因為剛入行時，我的錢不多，也不知道要花多少錢裝潢，若沒事先估好，買了反而會賠錢。所以，我看屋會帶設計師同行，他會跟我說，這間要換什麼、補裝什麼，並給我建議。多帶幾次後，就可以知道每間房子要花多少錢改裝。請他們先估要花多少錢，若超過預算，我就不買，所以帶設計師或工班隨行，是買老屋不出錯的關鍵。

帶設計師或工班看現場，預抓修繕成本

例如買臺北市 1,000 萬左右的房子，裝潢絕不能超過 200 萬，不然等到你要賣時，高成本就會墊高你的賣價，以致賣價高出行情，就不容易脫手。

此外，請他們估價是不用付錢的，我一開始都跟設計師說：「如果我買下後要做裝修，一定給你做。」

只是要注意，1984 年到 1996 年興建的公寓是危險族群，因當時混凝土價格飛漲，很多建商偷工減料，甚至摻入海砂、輻射鋼筋，所以若是遇到這段期間的房子，看屋前得先問管理員、鄰里

▶我看老屋時一定會帶設計師隨行，以便第一時間估出裝潢成本。

長。若不確定，就要請檢測公司帶著儀器檢測，費用約 5,000 元左右。

拯救問題屋一定要有的三種人

如果你要拯救問題屋，有三種人一定不能少：建築師、設計師、工班，要如何找到他們？現在網路這麼發達，你可以上網搜尋，例如你住中壢，就打中壢室內設計師、工班就打「工程行」；例如你住桃園，就打桃園室內設計師，頁面上就會出現當地前幾個設計師的排名，找建築師也一樣。

這三種人的用處不一樣。室內設計師就像進階版的工班，他跟一般工班的差別在於：室內設計師比較有主觀想法，他會針對你的生活需求，建議你家裡要怎麼設計，或者你的收租套房和產品要怎樣設計。

當他們有想法後，就會秀立面圖、平面圖或是 3D 圖，完整的呈現出設計後的樣子，這樣子實做下去的出錯機率就不大。設計師會先畫室內設計平面圖給你參考，但一般的工班就沒有這種能力。

室內設計師不一定會泥作、木作，但他們懂得統籌，知道所有流程，一一安排不同的師傅進場。他會先給你建議，然後把建議圖畫出來，如果你同意，他就接著找工班照圖做。因為室內設計師有圖片、立面圖與很多的細項為證。工班只要沒有按圖做，設計師很容易就能抓到差異。

　　工班的意思是所有工種的統籌者，他可能是木作師傅，也可能是泥作師傅，而且還認識很多水電師傅或窗簾師傅。於是他就把這些人集結起來，統籌分配。

　　工班經常抄襲市面上相關的作品，因為工廠的師傅通常沒學過畫圖，也沒上過職修課程，他們只會照樣實做。和工班溝通最直接的方法，就是給他看圖片，例如你想要做地中海風格，把圖片給他，他就可以做出來。但通常會有 50％ 到 60% 的誤差，有時甚至跟你想像的完全不一樣。他們不懂設計的眉角，而且只用口頭講述，沒有圖片做依據，所以很難溝通清楚。

　　既然技術差別這麼大，為什麼還有人願意找工班？當然是因為價錢差很多，自己找工班、自己指揮，可以省 30% 的錢。

動用到設計師和建築師，你就得花大錢

　　一般室內設計師的 1 坪收費約 3,000 元左右，假設你的房子30坪，光室內設計他們就收 9 萬，而且還要看你要他畫什麼圖，平面圖、立面圖、3D 影像圖的價格都不同。每多畫一份，設計費用就會更高。而有名的室內設計師，甚至有 1 坪收 8 到 10 萬的。

　　會動用到建築師，通常是要變動格局，需要建築師蓋章才能執行，也就是需要「室內裝修許可」證照。

　　不管你是隔間套房，還是做室內裝修工程，只要有動到廁所，或者要增設兩間房以上，都要申請「室內裝修許可」，這

個證照就需要建築師蓋章、審核、通過，而且還要向縣市政府申請。

所以，我的室內設計師都有直接配合的建築師，因為如果你要另外找建築師，他們的收費標準是 1 坪 3,000 至 5,000 元，有的甚至萬元起跳，因為建築師主要是以蓋房子為主，只申請「室內裝修許可」證照的案子，他們較少接。

第一問：我可以去你家看設計嗎？

很多人都不知道該怎麼跟設計師溝通，我建議你直接問三個問題。第一個問題：請問你設計過什麼作品？可以帶我去參觀一下嗎？

直接參觀他們做過的案場，聽他們詳細解說，順便可以看他們施作的細膩度，例如牆壁跟牆壁的接縫處，有沒有用矽利康（Silicone，一種黏著劑，有品質高下和價格懸殊之分）？線條有沒有平行？垂直線條看起來如何？細部收拾整不整齊？你可以用你的肉眼，或照相機拍照下來做記錄。

對工班也一樣問：可不可以帶我去看你們的作品？如果工班願意帶你看超過 5 個現場，代表他做過的案場夠多，經驗豐富。

如果是室內設計師，你就問：我可以到你家看看嗎？因為室內設計師的家裡，通常會展現他的個人風格，作品勝過一切說明，因為事實力量最大。而且有點年紀、資歷的室內設計師，他們家裡的個人風格會更強烈，你可以看出他的擅長之處是不是你

▲ 可以跟設計師提出：我可以到你家看看嗎？作為進一步
　合作的參考，看看設計師家中的設計風格和施工、細
　節，是不是你的菜。

要的風格，不用廢話。

第二問：你擅長的產品風格是什麼？

　　第二題你可以問：除了今天這個作品外，你還做過哪些風
格？因為不管是工班還是室內設計師，房地產實在太廣了，有些
設計師擅長的是商業空間，有些擅長的是住宅設計，住宅還有分
一般坪數、小坪數和擅長大坪數的豪宅設計。

　　所以你可以看他的設計作品比例多寡，評斷他比較擅長哪方
面的風格？是現代簡約、鄉村風、還是地中海風格？

　　基本上，室內設計師不可能所有風格都會，所以第二個問題

室內裝修法規

一、供公眾使用建築物之室內裝修應申請審查許可，
　　非供公眾使用建築物，經內政部認有必要時，亦
　　同。但中央主管機關得授權建築師公會或其他相
　　關專業技術團體審查。（2007年內政部修正，
　　只要裝修室內，有增設廁所浴室，或增設兩間以
　　上之隔間牆變更，都必須向縣市政府建管處提出
　　申請）。

二、裝修材料應合於建築技術規則之規定。

三、不得妨害或破壞防火避難設施、消防設備、防火
　　區劃及主要構造。

四、不得妨害或破壞保護民眾隱私權設施。

◀ 只要動到格局、加廁所，就需要
　建築師蓋章，多出成本。

的重點是：你擅長的風格是什麼？你操作過什麼樣的作品或產品？

一般來講，會做住家的工班，不代表也會做隔間套房，因為隔間套房跟住家產品，在管線配置和裝潢工程上差異很大，一個是自住，一個是收租。

他講歸講，但你是門外漢，所以最好透過一起參觀，聽他解說最準。其實最好的方式，就是聽聽他之前客戶的說法和看法，這樣彼此信任感就會高，如果他可以介紹客戶的家給你看，並且讓你問屋主問題，那就更好了。

第三問：你一年接幾個案子？

第三問：你一年接幾個案子？再問他：你的公司有多少人？為什麼要問這個？因為假設他是小工程行，他一年接 20 個案子，基本上他的人手調度可能會有問題。如果他一年接 20 個案子，而公司的員工只有 5 到 10 個人，代表他不一定吃得下其他案子，若再加上他的作品大部分都是豪宅，那肯定不適合你。所以你要快速判斷，他適不適合你的需求。

一年接 10 到 20 個案子是很正常的。不過還要看總價大小，假設是一年都專做豪宅產品的工班或室內設計師，一年只要接 3 到 5 個就很夠了。

如果是接那種低總價的一般住宅，一年接 10 到 20 個是很基本的，因為所做的工程款項、設計款項，大概都落在 100 萬以

下，所以一年做10到20個，是很正常的。

當然還要看員工人數，如果只有5人公司，那表示人力很吃緊，這家公司可能無法再接你的案子。

通常你這樣一陣詢問下來，就可以簡單的判斷這家、那家適不適合你。為了更有效率，你可以先上網做足功課，看看這位設計師的網路評價。如果不曾踏入房地產領域，可以先看《幸福空間》和《設計家》這兩個節目，他們有免費的YouTube影片，培養基本的設計概念後，再從中挑選適合你的室內設計師。

如果你已經知道自己要什麼風格，可以先挑選3至5家後，跟他們的工班或設計師溝通，若是他們主觀意識很強，這樣多半不適合你。但假設你對室內設計完全沒有概念和想法，則可以找主觀較強的室內設計師，他會探索你的需求和想法，創造出符合你生活習慣的空間規畫。

指標1：設計師有沒有準時到現場

我在2012年投入房地產時，曾找很多廠商估價，有一次我約一個室內設計師看現場，結果我遲到，讓他等我整整半小時。當我到案場的時候，對方非常生氣的說：「如果你今天連基本的尊重都沒有，那我們也沒什麼好配合的。」說完他直接離開。

這對我是一個很大的震撼，我錯了，我也因此學到，非常敬業的室內設計師，對於遲到這件事是非常在意的。從此我和設計師約，都非常守時，若是我有事，都會提早跟對方說。此後我也

以有沒有準時,來判斷對方是不是好配合的設計師。

指標2:有沒有在10天內給出報價單

基本上設計師到現場之後,會問你想要怎樣做?然後討論室內的風格,想要什麼樣的規畫?你要什麼樣的設備?之後他們會開一個初估價格給你,過一段時間再給你正式報價。

通常厲害的設計師在7至10天內會報價,當然也要看案場的大小。最好的、最快的大約7天內報價,但若光報價就拖10到20天,就可以看出這個人沒有心要接你的案。快的、盡責的人,通常在3天內給初估價格,但這並不代表最後的實做價格。

初估一個金額後,他會提出立面圖和平面圖,然後開始去對圖,確認每個裝潢的設備和細項,有沒有符合你的需求,最後才會簽約。

如果是很敬業的室內設計師,光和你溝通可能就要花10天。一開始他會先到現場,再跟你溝通、畫圖、討論,到最後簽約。比較簡單的自住型規畫,多半就要花1個月的時間,更不要說其他更複雜的套房規畫,要花的時間就更多了。

所以我建議要找經驗豐富的設計師,絕對可以提高裝潢的速度。你可以請他直接參觀案場,給他看你想要的作品照片,或是給他們參考同業在市場上做的案子照片,這樣溝通的話,對你和設計師雙方都有效率。

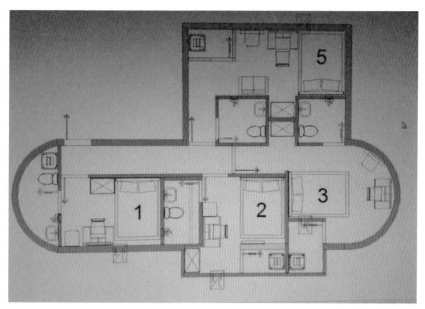

▲ 這個平面圖顯示，因為房子是圓弧形，格局不方正，需要設計師費心將浪費的空間補強，所以考驗設計師功力。

簽約、給錢都要照步來，不多不少

然後是正式簽約，室內設計師多半會要求先付一筆訂金，才會開始動工。但我通常都會說先拆除，拆除部分後，我們再付第一筆款項。

所以依照你的需求來看，最好是一筆筆、分四期，做到哪裡，錢付到哪裡，不要一次付完，不然可能會發生一些糾紛，或對方落跑。

2012 年時，我就發生過一個狀況，這是在中壢市元智大學

附近遠東路的一間 3 樓公寓的案子。

當時我請鐵工安裝窗戶，師傅直接來現場估價，他說要 10 萬，我當時沒經驗，直接付給他 10 萬。他在「有簽約」的情況下，還是落跑了。

所以最好是他做到哪、付到哪，不要嫌麻煩。因為你一次付完，他就可以拿了錢，直接落跑。

當時我們損失了 10 萬，只好再找下一位鐵窗師父來，他說要做 3 天，於是我第一天給 3 萬，然後第二天付 5 萬，最後的 2 萬就是點交完確定沒有問題時，再付完款。

千萬不要嫌麻煩，因為這樣的付款方式是最棒的。

合約的部分，當然是白紙黑字，但假設你是第一次裝潢，沒有任何經驗，我建議直接找民間或法院公證，跟租客的簽約合約也是一樣。基本上只要找第三方的公證，他就會幫你判斷條款合不合理。

架遠端攝影機監工，少糾紛

簽約完就進入施工的階段。最好的方式，就是直接架一個遠端的攝影機。遠端攝影機可以監控所有裝修過程，因為今天我們可能在上班，沒有時間在現場監工。

有了遠端的攝影機，你可以監控整個現場的狀況，直接用手機的遠端 APP 看，這樣可以提高施作時所有工程的細節

透明度。

你甚至可以用照片和錄影存證，比方說今天施工到哪個階段，你可以請工班或室內設計師用 LINE 傳照片或錄影給你看，這樣就不會有太大的爭議。如果你把所有施工的細節做得非常仔細、透明、完整的話，就比較不會發生糾紛。

預算抓多少？工程期怎麼算？

一般來說中古屋每坪 8 到 10 萬（較新成屋裝修費用多了 25 到 40％），都算是合理的修繕費用。

我以 20 坪的中古屋、修繕費用預算 200 萬為例，依照各工程工種，粗估合理的工程費。

●拆除工程：若是中古屋的隔間牆需打除、需敲除地壁磚、廚房及衛浴設備需汰舊換新，每坪的拆除工程費用是 2,000 元到 3,000 元，拆除總費用介於 4 萬到 6 萬之間。但價格有高有低，通常設計師會帶屋主到磁磚店選購磁磚（又分為國產及進口的）。要注意的是，這價錢不含在拆除工程內。

●防水工程（水泥沙漿粉刷）：粗估為一整個工程預算或工程款的 10％到 20％，總預算 200 萬的話，防水工程費用即為 20 萬到 40 萬。

●水電工程：水電是很多設計公司和屋主較不清楚該如何估價的項目。如果是新成屋，水電工程大概做到插座出口而已。因

拆除
工程

白磚
隔間

地磚
配置

▲ 架設遠端攝影機，就能時時掌控施工狀態。

為櫃子、床位、電視櫃等，可能和原設計公司或屋主的模式不同，若是重新規畫，則都要移位。

　　燈具開關有可能需要新增，也可能開關本來是一起的，但新的空間規畫需要多個一切或二切，這都可能增加電工項目的費用。另外，電視、電話、網路等弱電出口的費用，打牆埋管都需將線路預留在裡面，這些都是新房子可能會遇到的水電項目費用。通常為每坪約 2,500 元到 4,000 元，需視施作的難易度而定，約占工程款的 5 ％到 10％，以此案為例，大約是 5 萬到 8 萬元。

　　若是中古屋，水電工程費用就比較高，因為水路管線除了打除外還要重配，電路可能需從總開關處全部更新，甚至總開關的電源都要從甲級電箱去申請讓容量變大，所以花費也會變高，每坪約 4,000 元到 6,000 元，以此案來說約需 8 萬到 12 萬的水電工程費。

　　●空調估價：一般設計公司大概使用日立、大金等大品牌，每坪約 4,000 元到 6,000 元，約占總工程款 10 ％到 20％，大約 20 萬到 40 萬，就能搞定。

　　●燈具工程：以現在的趨勢而言，設計公司大都是使用省電的日光燈，作為天花板的間接燈光、層板燈、有背牆造型板的洗牆燈、省電崁燈（螺旋燈管）等，這類屬於漫射光源，就是按下開關後即讓空間均亮，通常使用於不需要很有氣氛的空間，例如：浴室、廚房、陽臺、小朋友的書桌等。一般小朋友的書桌會裝設漫射光源，主要是預防小朋友近視。如果使用很有氣氛的光

源，在環境上照明度會相差太大，看某一個地方很亮，但抬頭休息時又變暗，瞳孔縮放容易近視。

另外，LED 燈也常被使用在該亮的地方亮、該暗的地方暗的區域，明亮有別時就會塑造整個環境的氣氛，很適合放在客餐廳或開放型的書房，例如設計在餐廳或客廳旁的書房。如果是使用這些燈種，每坪約 1,000 元到 1,500 元，須花費 4 萬到 6 萬。但這報價不含主燈，主燈有可能高達 10 萬到 20 萬，視個人挑選的產品而定。

●木作工程：木作是屬於櫃體工程，櫃體天花板、木作地板門片等都是屬於木工，這些將占總工程款 15％，比重會較高，可能高達 60 萬到 90 萬，是所有裝潢中最花錢的部分。

●塗裝不僅是油漆：塗裝是櫃體做好後要噴漆，天花板做好後要面漆，不想要全白的牆壁時需要色漆，讓空間有層次氛圍。若要做批土、填縫等細膩的工程，則又是另一筆費用。每坪約 4,000 元到 5,000 元，假如整間房都要施工，則會占到總工程款 5％到 10％，大約是 16 萬到 20 萬。若報價高於這個價錢，可能是設計師用的材料比較好，但若是低於這價錢，就有可能是使用劣質油漆，要特別注意。

●廚具：因進口品牌價格有高有低，動輒上百萬，比較沒有標準。若以國產品來說，大約占工程款 10％，也就是控制在 20 萬到 40 萬就可以做得非常好。

●石材：在居家中可能會做一些大理石的點綴，比較常見的

是檯面、地板、主牆面的石材。如果是用在這些地方，約占工程款項 3％，大概是 10 萬。

●玻璃工程：玻璃工程是最後進場的工程，屋內的隔間、鏡面的造型入口、裝飾用材、屏風造景都有可能使用到玻璃，約占工程款項 3％，大概是 6 萬。

●軟件工程：窗簾預估占工程款 2％。而壁布、壁紙，大約是使用在床頭、壁板等局部點綴，比例約為總預算的 3％到 8％，如果高達 8％，應該是使用進口品牌。

●雜項：最常見的清潔工程，每坪 300 到 500 元。若是需要常常拉抽屜，可以使用較好的五金配件，大概每坪再增加 500 元到 1,000 元。另外，政府這幾年一直推廣的室內裝修審查，規費是 5,000 元，但還需另付圖說文件作業費用（送審作圖費用、簽證費用）等約 5 萬。

工期安排分為三階段

一般來說，工程期通常為 1 個月到 2 個月，但如果需要大幅度的更動格局，或全面更換地磚牆壁等泥作工程，或者是工班的行程很滿，也可能拖到半年左右。像我經手的第二間房子，把裡面的隔間全部打掉再重新設計，就花了 3 個月的時間整理才大功告成。

實際上，工程期的長短必須視內容的難易度而定，很難有一個確切的時間。以下提供一個簡易的工程安排時間供參考。

圖表4-1 各項工程預算的占比

工程項目	預算占比
拆除工程	5 %
防水工程	10 %
水電工程	10 %
燈具開關	10 %
空調工程	10 %
燈具工程	10 %
木作工程	15 %
塗裝、油漆	10 %
廚具	10 %
石材	3 %
玻璃工程	3 %
軟件工程	2 %
雜項	2 %

　　正常來說，工期會依照所有工種依序進入（包含進料等），且不包含假日。以一套完整的裝修來說，油漆工期是最費時的，而且不能太趕。合理的狀況下，一般30到40坪的住宅，需要的修繕工期可以抓45天左右；若為60坪以上的多房型，則須多用6到7天；如果是小套房則大概40天就能完成，不過還是要看天候和施工的複雜程度而定。

　　而房屋裝修過程可分為3個階段：前期、中期和後期。裝修

前期的工作主要是室內設計，從確定定案到圖面完成，需 10 到 15 天。在這段時間裡，還要與設計師確認裝修用的主要材料，尤其是舖面、木皮和系統櫃。因為櫥櫃一般都是訂製的，需要 15 到 35 天才能完成。專業櫥櫃設計師還會根據實際情況設計，並事先確定水電路的位置，以便開工後及時進行水電改造。若有動到地板，由於泥作、磁磚在施工時會先用到的，所以在裝修前期，一定要先選好櫥櫃和磁磚。

裝修中期主要是施工期。開工後，水電工和木工先進場施工。水電路改造需要 4 天到 1 週的時間，木工做天花板、背景牆、現場製作櫃子等，則需要 15 天左右。

第 20 天左右，木工完成工作，油工開始進場，進行牆體填縫補平、木作和牆面的刷漆等工作，要持續到裝修完工前兩三天。水電路則會在其後 7 天內改造完成，接著開始進行泥作並進場鋪磁磚。一般施工會先鋪廚房和廁所，最後再鋪公共部分，整個過程持續到第 30 天左右。

以上施工完成後，剩下的就是裝修的後期工程，這時候離裝修完工還剩兩三天的時間，木工回來安裝窗簾桿、五金掛件等收尾工程。地板、門、櫥櫃等也開始陸續安裝，水電還須完成燈具安裝、開關插座確認等事項，最後進行清潔進場，做完整的細清作業。

如果有增加比較特別的施工方式或是額外的工種，還需調配時間進入，避免裝潢與修繕工班在作業上撞在一起。若客戶又要求更改設計，工期也會受影響。

圖表4-2 一般房屋施工的流程圖

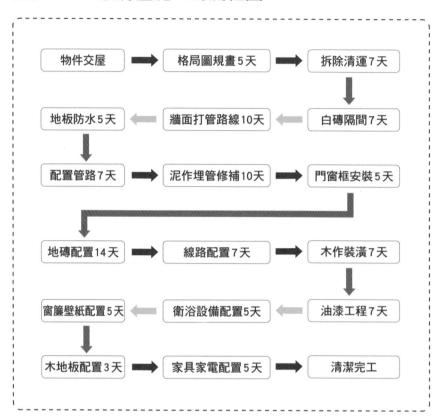

我的發包經驗談

裝潢工程一般分成3種發包方式：

1、獨立發包：通常所有專門細項的師傅，都要自己一個一個去聯絡，剛接觸時會非常累，因為需要聯絡溝通的人非常多，比較大項的有水電師傅、泥作師傅、木作師傅、油漆師傅，剛開

始配合時，必須花很多時間親自監工，也不太能確定師傅有沒有偷工減料，雖然較便宜划算，但不建議初學者採用。

2、監工統包：簡單來說，就是找一個工頭幫你監工，統包所有的工程。工頭不會額外收監工費，他的費用是含在工程費用裡，大約是工程款項的 10% 到 15%。工頭都會有班底工人，以及長期配合的師傅，溝通協調上你只要對一位工頭就好，不需要費太多精神，合約上也是由工頭負責。

3、設計監工：簡單說就是工頭的角色變成了設計師。設計師不但幫你監工還要畫設計圖，提供你客製化的室內風格建議，與使用素材的想法。市場上的設計費行情非常亂，設計費占總工程款 10% 到 40% 的都有聽過，就看設計師夠不夠有名，越知名的越貴。有些知名設計公司會有自己的工班，不過，有的給工班的價格壓很低，卻要求高品質，所以出現許多糾紛，建議還是找合法有執照的業者會比較有保障。

我剛開始是直接找監工統包，這麼做的好處是，我只要對一位工頭溝通，比較有效率。加上我只要跟工班處得好，還可以學到很多裝修上的眉角。因為統包工頭要抓緊工程時間，還要懂每個工種的監工細節與檢查重點。所以一開始我的作法是，先上網搜尋全中壢市所有的工程行電話號碼與地址，並一一拜訪、要名片。有了名單後，等到有房子要整修，再一個一個找來報價。

到後來我會培養 2 到 3 個工頭班底，主要是態度好、肯負責，裝修後若發生任何問題，會馬上來處理，價格反而是其次。

真正專業的工頭會管理裝修現場，在工地不能亂抽菸，也不會留下吃完的便當、飲料空罐等垃圾。而且，在施工前會先去拜訪一下左鄰右舍，在社區公布欄張貼施工日期與正常施工時間。一般來說為平日的早上 8 點到下午 5 點，中午休息一個小時，假日不能施工。此外，每完成一個工程進度，會用照片存檔提供給你確認，並向你報告整個進度流程。

監工控管七個流程，不怕偷工減料

跟工班相處久了，我掌握到不少監工技巧，按著施工流程，在不同階段各有監工重點。

1、拆除搬清工程：裸屋檢查漏水壁癌

很多中古屋會因為屋主的老舊裝潢，而看不到原本房子的樣子，所以修繕的第一步，就是把房屋拆解成裸屋後，才能著手進行改造裝潢。如果是牆面，就可以用手敲一敲，聽聽看是什麼聲音，很多牆面裝潢會加裝一層木頭隔板，這多半是為了要遮掩壁癌與漏水。

天花板若有裝潢，建議全部打掉重作，不然裡面可能鋼筋外露卻不知道。要特別留意牆面窗邊的壁癌與漏水問題，找出會漏水和溼氣過重的原因，房子的漏水與壁癌原因一定要先解決，不然即使做了天花板或是地板裝潢，也沒有任何意義，裝潢很快就會壞掉了。所以，建議等下雨好幾天後的隔天去看房子，直接到現場檢查屋況。

2、泥作補強工程：注意牆面及地面裂縫是否修補完整

拆除工程完成後，泥作師傅就會進場施工，他們會來放樣，畫出隔間牆的大約位置，修補原來的牆面並砌新的牆面。

這時一定要留意牆面以及鋪磚前地板（施作前將地面墊高的施作水泥粉光）的細膩平整度，以及注意原本有裂縫的牆面是否補好了，還有地面間隙也要修整齊。

3、浴廁：防水層至少 150 公分高

浴廁也是要先塗好 2 到 3 層的防水層，至少要 150 公分高。再來挑壁磚與地磚，而磚縫間要對線，磚面間要平整。維修孔的部分也要記得預先做好，方便日後修繕。

4、水電工程：預留 1 公分以上的洩水坡度

泥作完成後，水電師傅要來挖溝槽配置管線位置，電路線及插座位置走牆面，最好配合自己的作息習慣，或是先告訴工頭或設計師要幾個幾段式開關鍵。

而水管大部分就走地下（會留一定的坡度方便排水，若管線長度為 1 米，至少要留 1 公分以上的洩水坡度，再依浴廁地磚大小做 1 到 2 公分的調整），接到公用管一起排出去。

5、木作裝飾造型天花板工程：

木作工程安排在水電之後，但早在工程前期，木工就應該跟水電師傅溝通好冷氣的位置與管線的配置，以方便維修及美觀。此外，有哪根梁與柱要包起來或是設計成木作造型擺放架，或木

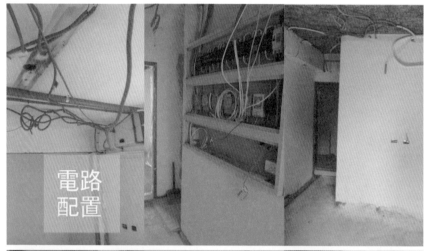

▲ 我監工過的房屋超過100間。

作電視牆及櫃子,都要先規畫與丈量才能報價。

　　至於天花板部分,現在普遍用矽酸鈣板,但還是會有些不肖

業者用吸水率極高、易結露滴水下來、易變形的氧化鎂板。天花板的燈種與擺放位置，也是在製作前都要先確認好。現在普遍用的有 LED 燈（較貴但省電、聚焦）與崁燈（便宜但易散光），多半會再製作造型夾層燈。

6、全室油漆工程：

油漆工程包含：填縫批土、調顏色、上底漆，一般會上 2 到 7 層漆（越多層價格越高）。通常會建議先批土再上漆，平整度會比較好。

最後裝潢全部完成，家具、家電也都搬入後，油漆師傅最後還要來一趟，確認搬移物品時弄髒的地方並修補。收尾時再用矽利康來收邊，會較好看與整齊。

7、燈飾家具布置完整：

最後一個步驟，就是挑客廳燈飾與每間房的壁燈，可以請師傅來現場裝燈，或是買一些小飾品裝飾布置。

我這樣付工程款

裝潢和預售屋施工很像，通常都會分期付款，做到哪繳到哪。不過，可別以為只要分期付款，資金的風險就會小一點，還必須明確訂出各階段的驗收項目，完成這個階段的驗收工程，再繳付下一期的工程款，是比較安全的做法。

話說回來，分期付款到底分幾期比較好？有些設計師僅分

成三期款：在第一階段開工前預收金額30％，等第一階段的拆除、砌磚、水電配管和門框安裝等基礎工程完成後，會再接著進行第二階段的工程，將磚牆粉光、磁磚、天花板、冷氣配管完成，於油漆工程開始進場前，收取第二階段的工程款（總金額50％）。

最後，等油漆、壁紙等工程完工，各種設備安裝完成，於7日內驗收無誤，即收取最後的尾款（總金額20％）。

其他關於工程款之分期，業界的合約還有以下寫法：

●寫法1（3-3-3-1）：第1期：開工付30％、第2期：工程進行中付30％、第3期：完工付30％、第4期：驗收完成付10％。

●寫法2（2-3-3-1-1）：第1期：簽約時付20％、第2期：工程完成1／3付30％、第3期：工程完成2／3付30％、第4期：工程竣工付10％、第5期：驗收通過（或驗收後且修補瑕疵後）付10％。

●寫法3（3-2-2-2-1）：第1期：簽約付30％、第2期：拆除進場付20％、第3期：泥作進場付20％、第4期：木作進場付20％、第5期：完工付10％。

●寫法4（1-2-2-2-2-1）：第1期：簽約日付10％、第2期：開工日付20％、第3期：磁磚進場付20％、第4期：木作進場付20％、第5期：油漆進場付20％、第6期：驗收通過後10％。

●寫法5（1-1-2-2-2-1-1）：第 1 期：簽約日付 10%、第 2 期：拆除進場付 10%、第 3 期：泥作進場付 20%、第 4 期：木作進場付 20%、第 5 期：油漆進場付 20%、第 6 期：家具燈飾進場付 10%、第 7 期：驗收通過後 10%。

但是，以上各種分期方式，對於屋主付款權益的保障，均有不足，例如：「工程進行中、完工」、「工程完成 1／3」、「工程完成 2／3」認定上易生爭議，業者易浮誇進度；依寫法 3，木作進場時屋主已付了 90%工程款，易造成業者收款後反而開始草率、拖延施工；寫法 4、寫法 5 雖已將工程款之分期更加細分，且驗收通過才付最後 10%，但還是會有業者已收取90%工程款後，對於施工瑕疵就完全置之不理的弊病，甚至反以「修補須追加付款」再向屋主敲一筆。

此外，裝修品質要能確保，不應該是直到最後階段屋主才來一次「總驗收」，而是在各工程階段即不斷進行「初步驗收」（初驗），以能夠即時修正錯誤、瑕疵。因此，在各期付款之前，屋主有權利針對業者前一期應完成的部分先進行初驗，待初驗合格後，屋主才能付款。

換言之，在業者往往先收款才施作各期進度的情況下，屋主必須設法保障自己的權益。具體作法上，將各期付款細分，然後配合業者各期施工進度，「做到哪、初驗到哪、付款到哪」，對屋主的保障較為周全。

基於自保的原則，建議施工約中可以加入以下條款：

圖表4-3 五種付工程款的方式

工程款付法	第1期	第2期	第3期	第4期	第5期	第6期	第7期
3-3-3-1	開工付30%	工程進行中付30%	完工付30%	驗收完成付10%			
2-3-3-1-1	簽約時付20%	工程完成1/3付30%	工程完成2/3付30%	工程竣工付10%	驗收通過付10%		
3-2-2-2-1	簽約時付30%	拆除進場付20%	泥作進場付20%	木作進場付20%	完工付10%		
1-2-2-2-2-1	簽約日付10%	開工付20%	磁磚進場付20%	木作進場付20%	油漆進場付20%	驗收通過付10%	
1-1-2-2-2-1-1	簽約時付10%	拆除進場付10%	泥作進場付20%	木作進場付20%	油漆進場付20%	家具燈飾進場付10%	驗收通過付10%

1、乙方（施工承作者）於各期（如第二期之泥作工程）工程款請款前，應先通知甲方（委託者），就前期乙方應完成項目（即第一期之拆除工程驗收表所列項目）中，已完成項目部分進行初驗。

2、甲方於各期（如第二期之泥作工程）工程款支付前，得就所有前期乙方應完成項目（即第一期之拆除工程驗收表所列項目），先進行初驗。前期乙方應完成項目中之 90% 項目（達成比例依本合約附件之各工程驗收表所列項目計算）均初驗合格後，始須支付（當期即第二期之泥作工程部分）款項。

　　3、各期工程初驗之進行，依本合約附件之拆除工程驗收表、各泥作工程驗收表、水及電工程驗收表、廚房工程驗收表、衛浴工程驗收表、各木作工程驗收表、油漆工程驗收表、鋁金工程驗收表、各裝飾工程驗收表等所列項目，逐一驗收確認。

　　上述第 2 點中的合格率 90％，也可以視實際狀況調整，或改以「不得超過多少項瑕疵」來替代之；至於上述第 3 點的驗收標準，則建議務必在簽約時即一併約定清楚。

　　最後，提醒裝修時有 3 點要特別留意：

　　1、裝潢款項應按部就班的給，按照時間進度表做到哪就給到哪，絕對不要一次付完所有工程款項。

　　2、通常要預留 5％ 到 10％ 的工程超支款項，就我的經驗，很多東西會一直追加，很容易就超出原本設定的預算。

　　3、不要以價格為主要導向，一分錢一分貨，要找負責任與有口碑的設計師或工班，工程服務與保固服務一定要做好。

第五章

我是專業包租公，
我這樣過濾房客

自從事租賃工作後，我接觸過上百位房東，發現房東最困擾的，就是不知道去哪兒找房客。現在很多租客會把看房資料整理成一頁頁報告。他們會逐間分析優缺點，反正時間多，多看多比較是租客的基本動作，他們最看重的不外就是性價比：C／P 值。

租客會比較，最在意錢花得值不值

而房東最在乎的就是能快速找到一位優質的房客，把房子的閒置期縮到最短。通常，房間從開始承租到租客入住，要是能掌握好節奏，最快不用超過 3 天就可以搞定。

若想在最短時間內把房子租出去，就得先了解租客在意的是什麼，才能吸引到對的族群。大部分人都有租房子的經驗，站在房客的立場，他們最在乎的就是：「我花錢租這間房子，到底值不值得？」

從地點下手找優勢，目標族群立刻浮現

想當包租公，得先搞清楚你要出租的族群是誰，他們喜歡什麼樣的產品。你可以先分析持有物件的地點及特性，尋找合適的出租對象。例如，如果你想投資套房當房東，要找的就是 觀光夜市商圈、工業或是科技園區、私立大學附近的標的。一般租套房族群不外乎學生或小資上班族。所以生活機能方便、周遭飲食選擇多、商家林立是重點。

▲ 對套房租客而言，生活機能方便，是他們願意花錢租的重點。

　　至於出租的產品為 2 房或 3 房，就是以小家庭為出租對象，就要觀察附近有沒有學校、補習班或幼兒園，尤其小家庭更重視居住環境，例如：出入分子不能太複雜、**鄰居平常是否有在家唱KTV 的習慣**，皆是他們考慮的重點。

　　此外，住家附近有無綠地、公園能散步，是否鄰近百貨商場或量販店，都是加分的條件。由此可知，若希望能快速出租，首先要看你的物件擁有的條件，鎖定目標族群，做出市場區隔，挑選自己有信心管理的族群承租。

　　除了傳統方法外，還有更有效率的廣告管道，例如：在學校布告欄、社區布告欄貼廣告，或徵得附近店家同意，貼在店家的廣告牆上，也可以請警衛、管理員幫忙。絕大多數的平臺基本上都是免費的，普遍來說，**有八成的房客會從網路找訊息**。

▲ 對兩房、三房的家庭租客來說，住家附近有無綠地、公園，是可以加分的條件。

房東看過來：現代房客是這樣找租屋的

現在是資訊透明、網路發達的時代，租屋族大量仰賴網路搜尋租屋資訊及比較產品，例如**591 房屋交易網、好房網、PTT 的閒板，或各區域的網站（如桃園板）、各大學的 bbs 還有臉書等**，都是很有效率的平臺。

臺灣目前租屋族群的年齡層為 18 到 40 歲之間，如果你還延用舊時代的行銷方式，就接觸不到年輕消費族群，就算你的產品再好，如果他們看不到，你也租不出去。

我再提供 5 個較有效率的廣告曝光管道：

1、到學校的外宿網登記，因為有消防合格檢驗認證，對學

▲ 現在是資訊透明、網路發達的時代，租屋族仰賴網路搜尋租屋資訊，例如
591房屋交易網就是重要管道。

生來說比較有公信力及保障，家長也比較放心。

2、在市公所或區公所的公布欄上，租一小塊廣告，每月的
廣告費不會超過100元。我通常會挑選人潮最多的地方，越多人
的地方代表機率越大，建議選擇商圈附近效果最好。

3、直接委託專業的租屋管理公司。尤其是對於遠距離的房
東來說相當方便，這樣你就不用東奔西跑，與房客打一年的租
約，就付給租屋管理公司一個月租金當服務費即可。不只如此，
出租後租屋公司會幫你管理，能省去許多麻煩。前提是必須找風
評好、自己可以信任的。

4、找親友或管理員幫忙。通常是請社區管理員多幫你留
意，如果有人經過詢問時，讓他知道你的房子在招租，等事成後

記得給個小紅包或禮物答謝對方。或是有人要看房時，請其他房間的租客幫忙開門或介紹，如果有租成，可以少算一個月租金當回報。

5、善用網路資源，鎖定目標族群常瀏覽的網站，如學生較常上學校網站、PTT，上班族可能會上 591 房屋交易網等，再想辦法加強曝光。

三個步驟避開問題房客

大部分租屋族群都會透過網路或是路上廣告，看到聯絡資訊後打電話詢問可否看房，所以電話是房東篩選房客的第一關，有一些細節要注意，才能避免日後麻煩，並提升效率。因為篩選後緊接著是見面看感覺，聊天詢問過去的一些細節，最後再用有法律效力的合約，規範、保障出租方與承租方。

我以幾個簡單詢問示範：

1、電話篩選

在接電話時，租方都會口頭詢問網路上或是廣告上的房子租掉了沒；同樣的，我們也可以用幾個口頭詢問試探一下，你可以這樣試探：

租方：「×××先生，您好，請問網路上桃園市的那間月租8,000 元的套房租出去了沒？」（如果一開始口音很怪或是不禮貌、口氣很差，可以斟酌回答。）

房東：「那間已租出去了，之後會有其他類似的房間空出來。方便請教一下您在哪裡上班，怕您外地來的不熟，不知道您工作與房子的距離遠不遠？」

（以同理心站在租方角度著想，詢問在哪工作。很多租客到現場後，才發現與自己工作地方車程太遠，反而白跑一趟。）

租方：「我在 XXX 公司就職，車程 10 分鐘我可以接受。」

（**回答不出在哪裡上班的話，建議不出租。**）

房東：「如果距離上可以的話，方便請教一下您大約什麼時候要入住？」

（有些**租客要入住**，但可能是 三 個月後，先詢問是避免為單一租客空租那麼久，**時間上兩週內入住為佳。**）

租方：「我是這星期之內要決定，能搬的話，當然盡量兩週內確定。」

房東：「最後跟您說明一下，我們這邊是爬樓梯的公寓 4 樓，無電梯也沒有管理員。需自己倒垃圾，也無法養寵物，您可以接受嗎？」（**在電話裡先把房子的狀況說清楚**，以節省彼此時間，不然很多租客到現場才發現這些狀況，直接掉頭就走。）

租方：「可以。請問我什麼時候可以去看房呢？」

房東：「我只有週六的下午 1 點時間方便，或是平日的晚上 8 點，您方便哪個時間呢？」（二擇一的方式，把要來看房的租客約在同一天，以半小時為一單位，千萬不要為了單一租客而打

亂自己的生活時間，最後又沒租成。）

最後可以再加問一個問題：「方便請教一下您為什麼要來這兒租房子呢？」

租客的答案千百種，我的用意是知道自己的收租房型，是否符合租方的需求及個人狀況。

對方有可能回答：通勤方便、之前的房子太潮溼、採光不佳（如自己的房子也有類似狀況，就要先告知）、不方便停車、無管理員、有小孩需換大間等原因。

2、見面篩選

電話篩選過後，來看房的人已非常符合房屋需求，談吐應對也很正常。但是見面後有可能發生幾種狀況，來的人長相與聲音是完全不同的，例如身上刺龍刺鳳或是外國人，也可能聲音是男的，但穿著是女的等。

不是說這些人不好，只是租客會挑選房東及房子，房東也要**挑選和自己頻率不要相差太多的租客**。畢竟如果不是生活在同一個世界，或是年齡差距甚大，日後溝通及處理房子的事情時，可能會出現不必要的糾紛及誤解。

當你對房客有疑慮時，就以自己是第三方的口吻回覆，你可以說房子是親戚、爸媽的，用比較委婉的方式告訴對方，你還要詢問真正房東的意見再回覆。

見面主要是讓租方了解房子的環境及細節，還有互相認識。

3、合約篩選

合約如能去法院或是請民間公證人第三方公證，對彼此都較有保障。

簽約時要請租方準備身分證影本及工作證，房東要準備權狀、謄本及身分證。

除了使用內政部在2016年最新公布的房屋租賃契約書範本外，也可以加註一些特別規範的生活公約，以遵守鄰居的安寧及居住水平。

例如：

1、嚴禁飼養會影響環境、會喧譁吵雜之寵物。

2、不得影響居住通道及安寧，尤其是晚上10點後。

◀委託專業的物業管理公司簽約公證，是第一步，也是對彼此的保障。

3、垃圾請事先分類，廚餘請濾掉湯水，並將其打包好，至指定場所丟棄。

4、夜歸時機車進入巷道內，請事先熄火、禁止喧譁吵雜。

5、禁止使用網路大量下載、上傳，影響網路正常速度。

6、房客如發生民事或刑事案件時，房東可立即解除合約，並要求相關賠償。

7、房客嚴重違反生活公約時，房東得隨時終止租賃契約，以維護所有住戶之權力。

8、租貸範圍內發生緊急事件時，承租人同意轄區警員及房東可破門進入管控現場。

9、承租人未依民法規定交付2個月押金者，房東有權隨時終止本合約。

房東最怕的，就是簽約人與實際居住者不是同一人，還有發生和鄰居吵鬧及喝酒鬧事等相關問題。**房東可加註：萬一日後房客違反約定，將由 XXX 律師事務所或第三方公證機關直接法辦**，這樣就算一開始租方心裡有鬼，也知道違約時逃也逃不掉。

有軟體服務可增加續租率

良好的硬體設備是房東必備的標準配備，不僅要有，還要會挑選 C／P 值高及耐用好看的家具、家電，才能讓租屋族群買單。而軟體服務則是讓房客離不開你的殺手鐧，來看看如何透過

加值包裝，讓年輕租屋族離不開你的房子。

硬體家具、家電：

現在因為資訊非常透明，選擇性和替代產品非常多，加上現在租屋的年輕人會運用網路討論與比較，他們選擇與重視的地方跟以前完全不一樣。

早期有很多老房東甚至連冷氣、冰箱都沒附上，在傳統式的老公寓與透天裡還常見通風、採光不佳的暗房，到現在還有房東在出租雅房。但這些過時的產品到資訊發達的現代，已經慢慢被淘汰，除了少數租屋需求很大的地方還租得出去，例如臺北市的大安區、信義區，否則就只能租給弱勢族群與老人。

上個時代的租客注重的順序是：1、價格；2、空間；3、質感。但新世代租客注重的順序是：1、質感；2、價格；3、空間感。

現在的租屋族，尤其是年輕人心想反正都買不起房了，至少租屋要舒適。而且在費用提高的狀況下，如何把錢花在刀口上，是房東最該思考的。

以中壢的租屋行情來說，多一個雙人的沙發，月租金可以多500元，多一臺個人用的洗衣機再加500元，再多一個可晒衣服的陽臺可加500元，最好還提供37吋大液晶電視（現在全新套房普遍都用32吋）。

此外，額外注意一些小細節，也更能抓住租客的心：

各項家具、家電、水電更新行情

家具、家電類

沙發	5,000 元
床組	5,000 元
衣櫃	4,000 元
電視	8,000 元
冰箱	5,500 元
洗衣機	5,500 元
茶几	1,500 元
窗型冷氣	15,000 元
分離冷氣	18,000 元

裝潢類

壁紙	3,000 元／間套房
窗簾	2,500 元／間套房
塑膠地板	4,500 元／間套房
超耐磨地板	2,600 元／坪
油漆	3,500 元／間套房
燈飾	2,000 元
飾品	10,000 元／間套房
木作	3,000 元／坪

水電類

馬桶	4,500 元／個
洗手臺臉盆	3,500 元
鏡子	1,500 元
洗手臺龍頭	2,000 元
蓮蓬頭	2,000 元
儲熱水器15加侖	7,500 元
熱水管明管	3,600 元

1、公共梯間走廊維持乾淨整潔與綠化，可以定期在布告欄上留些貼心小語或是注意事項，門口幫租客準備統一規格的鞋架，這樣比較容易維持整潔。

2、多拍一些感覺照：拍照時盡量在房子格局的斜對角線抓角度，比較容易拍出放大、明亮，讓人看了有感覺的照片，盡量多拍幾張，若能**把周遭環境及附近的商家都拍進來**，有助你和租客達成交易。

不要小看這些要素，你的成交租金會因為規畫和配置是否完善，而有所變化：

假設桃園區中壢市一般套房平均每月租金行情為 5,000元，你加上幾個要素，例如以下硬體，每加一項，就能多加 500 元租金：130 公分雙人沙發、3 人型沙發、個人陽臺且有晒衣架、獨立洗衣機、簡單流理臺。而天花板加地板主題式裝

潢，則可多加 1,000 元。

這樣整理後，最高可租到 8,000 元。一模一樣的空間，卻因為空間的家電配置和規畫而有不同，這就是麻雀雖小，五臟俱全的概念，其他地區也可以斟酌每項多加 500 至 1,000 元。

軟體服務：

只要想想怎麼改善租客現在的居住問題，以及怎麼讓租客在環境裡感覺愉快舒服，就能讓租客待得久與增加續租率。例如：定時收垃圾服務、收信件包裹服務、超商繳費服務、及時維修異議處理、節慶祝福送好禮。

▲現在年輕租屋客在意生活配件要好，所以房東要將錢花在刀口上，冷氣是必備的，多一個雙人沙發，月租金可多 500 元；多一個洗衣機，再加 500 元。

要長期當包租公就要懂維新

我在上一本著作《我25歲，有30間房收租》裡提到，要當個人人稱羨、專業的包租公、包租婆，就要有不怕麻煩的耐心與處理事情的細心，像照顧小孩一樣，時時關心、給予照顧，租客才能變成真正的金雞母，為你一直帶來多顆金雞蛋。

想要靠房產穩定收租10年以上，就要有「創新」的心態，不管是裝潢風格獨特（地中海風格鄉村風，夜店風），或家具、家電新穎設備齊全，若預想長收租10到15年，可引進最新技術遠端無線監視器、電子觸控密碼鎖、指紋辨識鎖等。

房子和裝潢家具會持續不斷的折舊。每年一批又一批的新房子蓋出來，或是重新整理好的套房出爐。你現在的房子也許是最好的，可是過了2年就變成中古，再過2年又變成非常舊。所以必須持續創新，不然想每年穩穩收租的美夢就會泡湯。

像是符合上述3大套房投資指標的中原大學或是逢甲大學，周遭的套房數量真的很多，每年除了會有新套房進駐外，加上逢甲商圈因為觀光人口多，更有許多商旅型高級套房，剛蓋好就交給飯店級物業管理出租，競爭非常激烈，什麼價位的套房都有，但是設備老舊的一定會被淘汰。現在能出租5,000元的套房，過個5年，說不定只能出租4,000元；再過個5年，不整理的狀況下，連招租都有問題。

第六章

不敗的房市投資：
回歸供需法則

　　市場上有一派專家、學者不斷看空房市，也有一些財團、建商和投資客不斷看多房市，到底要相信誰？不管是官、學兩界的空頭總司令，還是擁有豐厚資本的建商、財團，都有一套說法。

　　看空的人說：房價所得比（註）太高，年輕人在臺北不吃不喝30年都買不起，還有租金投報率太低，全臺灣空屋率太高，人口紅利逐年遞減，但是這幾年下來，房價真的有跌嗎？答案是要看地區。

　　看多的擁簇者說：全世界熱錢很多，熱錢不知道往哪跑，只能跑向（臺灣）人最愛的投資聖品：房地產，結果造成大多數的房地產為少數的20％人擁有，剩下80％的人不但沒有房，還因房價上漲而離買房越來越遠。

　　註：房價所得比＝中位數住宅總價／家戶年可支配所得中位數。代表需花多少年的可支配所得才能買到一戶中位數住宅總價，數值越高表示房價負擔能力越低。

　　東方人傳統的有土斯有財觀念，根深柢固在我們的文化中，有報導指出97.3％的人，把買房當一輩子的夢想，但只有20％的上班族有能力辦到。綜觀房價歷史，事實是房價有漲有跌，但大部分是漲的時候多、跌的時候少。每個地區的房價也因地域性差異與商業發展而有不同，有可能臺北市豪宅型產品正在跌，但中南部的低價小宅卻直線上漲。以前的房地產是7年為一循環，但現在房價的變動已經沒有任何規則了。

世界局勢和看不見的手，都擋不住房價漲勢

臺灣房地產第一次暴漲的年代是 1973 到 1974 年，因中東石油危機爆發，地產價格漲了 40％，政府伸手干預。當年的政府做法是下令 4 樓限建、緊縮融資，而房價就應聲下跌 3 成。

第二次也是因為石油戰爭，1979 到 1980 年，房價漲了約一倍，這時同樣的戲碼又再上演，政府又來干預。1、緊鎖銀根。2、空地限建。3、持有兩戶者追查資金，這時的房貸利息從 20％ 下跌 3 成。

1989 年房價第三次大漲，是因為臺灣出口大幅成長，新臺幣升值，貨幣大量供給下資金氾濫，股市大漲到一萬兩千多點，那個年代投資什麼產業都賺錢。但政府也有動作：1、提高央行的重貼現率；2、緊縮銀根。加上當時財政部宣布，復徵證券交易所得稅，八個月內股市就從一萬多點跌到兩千多點，很多人用房地產融資出來玩股票，結果股票大跌到兩千多點，讓很多人在股票市場裡斷頭，帳面資金全部化為泡沫，一大堆的房地產被法拍。

之後就進入盤整的 10 年，直到 2003 年臺灣碰到 SARS 事件，房價又再創下近十年新低，沒人願意出來看房，成交量也不斷下修。而在這個事件後，政府祭出幾項利多政策要拯救低迷的房市、振興經濟，包括：1、首購低利率；2、增值稅減半；3、啟動海峽兩岸貨品貿易協定（ECFA），讓房價在之後 10 年穩定成長約 150％。

其中，只有在 2009 年因受到世界性金融風暴影響小跌 10%，半年之後因為房價不斷上漲，政府又有新的抑制房價動作，2011 年政府祭出奢侈稅，立即壓低房地產的成交量，也讓房價在奢侈稅實施前後小跌。但之後因供給量被壓抑，市場上出售的案子變少、變成賣方市場，使得房價不但沒跌，反而一路爆衝，很多人就是在這時買入並擺到現在，至少都賺 1 倍以上。

政府眼看之前的打房政策沒有起太大作用，之後又再實施：1、限制第 2 戶後的貸款成數；2、選擇性地區限貸管制；3、課徵豪宅稅，房價因此而盤整不動。在 2014 年底九合一選舉前，政府又祭出房地合一實價課稅的政策，與針對高總價 4,000 萬元以上的資本利得課稅，影響高總價豪宅市場，總價高的市場小跌、中低總價的產品成為市場主流。大量資金流向不被課稅的地方，例如東南亞、日本、馬來西亞、澳洲等海外房地產。

2015 年 6 月，房地合一政策立院三讀確定後，原以為買氣會因為政策確定而回歸，沒想到價格反而小跌 10 %，但市場完全沒有成交量。2015 年成交量 27 萬戶移轉，同年 9 月政府眼看狀況不妙，要調降央行存款準備率半碼，以及解除桃園及新北地區限貸管制，讓房市軟著陸。隔年 2016 年成交量卻創下 2001 年來新低 24.5 萬戶移轉數量，造成百大行業受波及影響，仲介業倒了 350 家以上，代銷廣告業裁員幾千人，銀行貸款也是沒業績可作。

總結來說，政府都會在房價持續高漲、民怨四起、選舉前夕時，來個假議題干預或動作影響房市，卻又在房價萎靡不振時，伸出那隻看不見的手救房市。因為房地產是火車頭產業，其所牽

涉的行業非常廣泛，如：代銷、仲介、搬家公司、家具行、家電業、衛浴設備、裝潢設計業、鋼鐵業、水泥業、銀行業等無所不在，萬一房價跌三成，經濟一定會受影響，所以政府一定會出手影響房市。

未來的房價到底如何？我建議你先把專家、學者的說法放一邊，只要回歸最基本的供需法則就好，培養自己對房市敏銳的觀察和適合自己的買房方式，就會讓你受用一輩子。

地點、地點、地點，永恆不敗的價值

通常先漲的一定是市中心的精華區地段，漲勢就像輻射狀，以十年前起漲的臺北（蛋黃）市中心為例，以蛋黃區跨出去（同心圓理論），五年前漲新北市（蛋白），兩年前漲桃園縣（蛋殼），但是跌時，就是反輻射跌回去。

這是前幾年的房價上漲理論，但現在整個被打亂，價格行情呈現群魔亂舞的狀態，特別是有些保值和品質優良的社區，不管大環境如何變化都不太會大跌，有些被炒高行情的社區一遇到市場不明朗時，跌價的幅度可能會到兩成，現在的狀況是北部成交冷淡，中南部狂熱。

以桃園縣的同心圓為例，最近兩年上漲的輻射是：市中心蛋黃區——桃園市、中壢市、八德市漲完再換平鎮、內壢（蛋白），最後換楊梅、龍潭（蛋殼），我看房價的方法除了依同心圓理論外，還會觀察 3 大指標：

1

2

2

1 位於臺北市大安區邊陲的臥龍街 21 號老屋長這樣。

2 幾步之外,臥龍街走到底,換了街道名,改建成豪
宅大樓,房價翻漲數十倍,這樣的房地產操作,給
你什麼啟示?

1、大環境和政策

美國聯準會的升息牽動著全球經濟金融體系，全球的通用貨幣也是以美元為大宗，只要美元走強，全球熱錢就會回流美國，不利於出口。臺灣的央行也會因應政策，央行只要升息個 1 至 2%，就會牽動整個房地產市場，因為持有成本增加以致買家卻步。

2、有沒有腹地可以炒作

重劃區就是明顯一例，附近有大量的土地可蓋新房子和公共建設，有助於哄抬房價，在景氣熱時是資金的好去處。重劃區面積從 50 到 500 公頃都有，通常越大，商業活動與生活機能進駐的時間就會拉得較長，不如**進駐重劃區旁的舊市鎮，投資回報會較有效率**。

3、有無重大交通建設

例如 2017 年桃園機場捷運線通車、臺鐵地下化、三鐵共構，這是最能挹注當地行情的大條動脈。

但是房價快速上漲會引來政府關注，社會上的資金（游資）本來就如河流般，會由高處往低處流，當資金流到一個地方炒作到不合理階段，政府就會出手干預，把超漲區列為重點管制區。而政府的手法，不外乎讓銀行貸款不好貸、成數降低、買氣就會疲落、觀望，投資客能不能撐過去，就要看口袋深不深了。

1 桃園有臺鐵、高鐵、機捷，三鐵就像人體動脈，四通八達的交通從來都是支撐房價的鐵柱。

2 高鐵新竹站離新竹市區車程 30 分鐘，還是撐起竹北房地產市場，甚至造就全新竹最高所得居住區。除了交通外，擁有廣大的腹地，更是此地能發展的優勢。

全臺各地大、小眾產品漲跌不同

臺灣雖然面積不算太大，但各地居住的習慣和喜愛的房屋類型卻有差異，例如房屋的類型大致可分：1、預售屋；2、新古屋（屋齡 3 到 10 年）；3、中古屋（10 年以上），各有優缺點。先來說一下什麼是大眾產品、小眾產品，還有你該買什麼。

大眾產品：一般型住家 2 房加車位、3 房加車位，透天別墅。

小眾產品：店面、套房、商辦、豪宅、4 房加車位。

簡單來說，大眾產品就是大部分人想買的產品類型。小眾市場不是沒人買，但是買的人相對較少，是某小部分族群。

小眾市場因為總價高、坪數大，買方通常是為投資收租或置產考量，所以在景氣差時影響較大。因為景氣好時，大家有錢換大房或是有錢投資；但景氣差時，因為不是一般人能接受的產品，總價太高了，所以受影響較大，換手要花很多時間。

空屋率高，空的不是市區房

全臺每個都市的供需都不一樣，所以會有同樣產品在不同區域兩樣情的情形。目前全臺灣的重劃區例如：桃園青埔、新莊副都心、淡水新市鎮等，因新屋供給量大，短時間銷售不完，所以在此買新屋可以殺價殺很大。但六都裡的老舊公寓或透天厝，就不好比較了，因為每間的差異大，加上供給量少，價格相對前述造鎮重劃區的新成屋是較穩的，價格並沒有掉三成。

不管是高齡老人變多，還是小孩子變少，人還是需要都市裡的食衣住行育樂，有居住需求，不是要買、就是要租，還是跟房地產脫離不了關係。所以，重整現在投資房地產的重點，是有必要的。

收租是最穩定的投資方式

房地產的迷人之處，不只可以增值獲利，還可以收租金，是進可攻、退可守的投資產品。只是大家一直都瘋狂於賣掉以獲得高報酬的氛圍中，忘了租金才是最穩定、低風險的投資方式。

不動產的獲利模式有：1、轉賣，賺差價；2、收租金，長期收入。多數的房地產投資人還是以賺價差獲利，他們考量的是賣不賣得出去，而不是好不好出租。能這樣操作的投資者多半因好的案源較多，他們有消息來源可以持續買進好案。

但業餘的房產投資者是無法跟專業投資者競爭的，除了專業與經驗不足，遇到好案後決定速度不夠快，也無法隨時看房下幹旋金，所以拉開差距。但其實只要你敢踏出第一步、買第一間房，投資多了自然成習慣。

我不同意「上班族或沒有資源的人不要碰房地產」的說法。正因為我們沒錢、沒資源、沒經驗，所以才更要學習了解不動產，這也是我寫本書的主因。

舊市鎮、老都心的居住需求，永遠大於供給

　　一般投資者要更珍惜每一次出現的「機會卡」，以持續收租金為主，資本利得為輔，在市場景氣大漲時才賣出獲利。因為賣掉了市中心好物件，是很難再買回的，畢竟一般人要進場買好地段、好房子的機會成本，比專業投資者高。

　　所以好地段、租屋需求大的舊市鎮，才是小資族該搜尋投資的範圍，因為風險低、能穩定獲利。

◀位於生活機能佳的地段老屋是寶，改裝後出租，從不缺房客。

讀者不妨上 591 官網看租屋量供給量、老牌私立大學人口宿舍床位比、各區域工業科技園區及各都市每年淨移入移出人口作為參考的依據。例如：臺北市的租屋需求還是非常龐大，假設一般正常情況下，一個都市淨移入移出人口不變的情況下，買屋加租屋的人口等於臺北市住宅的供給量。現在想買屋的人都觀望查看，還有部分人士改成租屋，造成需求大於供給的現象。

供需失衡的情況下會造成租金上揚，如果這時房價下跌，倒是進場買好地段的房子收租的時機。畢竟景氣好時，好地段的收租房不是開天價就是惜售，也只有在景氣差時，才有機會挑到不錯的標的。所以如何降低管理租客的風險與成本，正是小資族要學的功課。

教你如何到不熟悉的區域踩點

每一間不動產的價格會因其獨特性而不同，所以就算是同一個社區，也會因景觀、格局、位置而使價格不同，何況若是把範圍拉大到一條街、一個區域、一個縣市，價格差距更會意想不到的大。明明是同一條街，為什麼房屋價格竟然會差到 20%。

所以若想買一間房子，卻對當地並不熟，我會建議你先在當地租房子生活至少 3 到 6 個月，以了解當地的區域環境、生活機能與商業發展，做這項功課雖然得花半年租金，但等同為自己買保險。

以我買的第一間房為例，我因為在元智大學附近租了 2 年房

▲ 想到陌生地方找熟悉感，你可以坐著當地公車，看看經過的路段，感覺商業和生活機能如何。

子，才知道租宅周遭的一些眉角。例如，哪條街住的人較複雜，常有警察與社工光顧；哪棟的社區鄰居都是老榮民，平日白天會唱卡拉 OK 擾鄰等，這些都是要在地居住一段時間才會知道的事。

我曾經在自己喜歡的社區內，創下 2 年內看了 20 間房的紀錄，只要有不同棟、不同樓層的案子釋出，我就會衝去看，抱著**沒事多看房的心態去看喜歡的區域或社區**，看了多次後不了解也難，這也是許多人要買房子時，會找自己熟悉區域的原因，因為若不了解當地狀況、沒做功課，就容易誤踩地雷。

我只挑我可以解決、加工的標的

房地產生產流程：土地整合取得→建商發包營造→取得建造執照＋預售屋→取得使用執照＋新成屋→中古屋。

從一塊不能居住的土地，到建成一棟可以居住的建築物，這個過程就是加工。建商因這個「加工」過程而取得報酬，例如建商要先透過整合人脈（合建）取得土地，再委託建築師規畫設計，請得建築執照後，再發包給營造商施工，中間也可委託代銷賣房（預售屋），完工後再賣給需要的人。而投機的方式是沒有付出任何勞力，也沒有創造任何工作機會，然後就賺取中間的價差利潤。

房地產真正的暴利是地目變更，有關人士打通內外關節，例如將農地轉成建地，或是讓原本買的土地，被政府以高價區段徵收後翻倍。但誰能取得第一手資訊？不就是政府官員與大財團才有嗎？一般升斗小民，哪有這種資本去玩？

但是預售屋就是一般升斗小民可去玩的商品了，以不到 10％的自備款，買了之後完全不動、擺一段時間後，就賺一倍以上。

我的操作方式，則是買賣市場上消費者不喜歡，或是有問題的房子。我只買市中心可以穩收租金的地段，經過我的巧思與眼光做設計規畫與加工，變成令人滿意的產品。把原本不能居住的房子，修繕為可以舒適居住的房屋，這就是我產生的附加價值，也就是我有再加工。

這當中除了解決原本的問題，也促成了許多就業機會，像

是銀行貸款專員、地政代書、設計師、施工師傅、家具和家電業……經由設計加工而成的房屋，並非賺價差或是抬高房價。

有朋友就問我：「那市面上還是有很多黑心投資客，隨便處理、簡單裝潢就拿出來賣，並沒解決問題，那怎麼辦？」我不否認市場中真有不用心或兩光的投資客，但我以經營事業的角度去看，如果你不根本解決原本的問題，像是漏水、壁癌、格局屋況不好……只是用木板或是簡單的遮蔽物掩飾缺點，將來還是會出狀況，要跟人花錢打官司或是調解。

與其到時花大量時間與金錢，還不如現在花點小錢好好處理一下，如果真的要花大錢，或是遇到不能解決的問題，就不要買，免得買下燙手山芋，到時賣不掉更麻煩。

結語

找回居住正義，
屬於我們的年代正要開始

9 年前（2009 年）我還只是個畢業後想當平凡上班族的大一新生，現在我卻想當個能做出不平凡事情的平凡人。

18 歲那年，我生了一場大病（開了 2 次刀），住院的三十多個日子裡，我體悟到人生的短暫與渺小。老天爺給我的這次苦難，讓我成長許多，我知道自己應該要改變。

19 歲時，我終於大膽的向初戀女友告白（生病時發覺，害羞是件浪費時間的事），因而有了想要承擔一個家庭責任的想法，並期許自己未來有賺錢的能力，因此我決定一腳踏進自己最熱愛的房地產。

短短一年時間，我白天上課、看房地產領域的書籍及影片，晚上做租賃，假日就跟房仲看房，晚上熬夜苦讀不動產經紀人的線上課程。我大量吸收專業知識並累積看房經驗，終於在 20 歲買下我人生中的第一間房。22 歲大學畢業時，我投資持有的套房突破 20 間。

前兩次出書都被酸民撻伐，但也讓我成長

自從 2015 年 6 月出版《我 25 歲，有 30 間房收租》後，我就受到大量媒體的報導，還記得書上市後的幾天，居然還有電視臺的 SNG 車在我家樓下堵我，讓我受寵若驚。但也因為我的募資買房模式，網路上開始出現很多酸民的撻伐，說我是炒房、黑心投資客、詐騙、靠爸族、逃稅等。

那一陣子我的心情非常恐懼，每天都失眠，完全能體會為什麼有人會因為網路霸凌而自殺，我完全沒有大家以為的被人簇擁、稱讚、變成暢銷書作家的快感，因為這股壓力來得太快，我完全無法適應。

當時我真的覺得這是人生最大的折磨，但現在回過頭看，其實也沒什麼，時間會淡化一切。當鋒頭過後，人終究要回歸平凡生活做真實的自己。

我很慶幸自己有機會在這麼年輕的時候，就承受這些壓力與歷練，大家若是看過我之前的兩本書就會知道，每本書的結語都是我個人的故事與對未來的期許。

2012 年，那年我大三，課餘時努力做租賃管理。有天凌晨睡不著，突然有股想做大事業的衝動，我對女友說：「為什麼全臺灣沒有個像樣的租賃品牌公司，讓大家能有更透明的資訊、更輕鬆的找到房子住呢？」創業的想法便開始在我心中萌芽。

直到 2015 年臺灣房地產景氣反轉，某些地區的房價明顯下修，我開始認真思考「致力於為租客創造良好居住環境」的夢

想。因此在 2017 年，我創立了「How Life 好生活企業公司」，目標是透過科技、影音、大數據等服務，逐步解決房東、租客資訊不透明，設備服務不完整的問題，讓房東活化閒置的舊資產，年輕人能租到性價比高的房子，創造最大的居住價值。

開公司與買房子，原來是兩回事

開設公司之前，我以為只要做好本分與保持熱愛房地產的初衷，就可以達成我在第一本書中所說的理想：「不但自己買房，還要幫助別人買房，一路買下去。」我萬萬沒想到，真實世界不如我想的這般簡單，原來開公司與投資房地產，是兩件完全不同的事。投資房地產時我只要處裡好「事情」，但創業之後，我才發現自己竟然無法掌控與投資夥伴間「人的關係」。

公司成立之前，我與另一位夥伴單打獨鬥，很多事情只要我們兩個人說好就好，但現在要把另外 7 位不同領域的夥伴併入一家公司時，才發現這是災難的開始。就好像同時要跟好幾位老婆結婚，有法律程序，還要經營關係，狀況比想像中複雜。再加上我是創辦人兼董事長，有責任與義務要向股東及董事們交代營業狀況，所有細節都要透明化，過去許多財務不清的狀況，在法人的監督下，全都逐漸搬到檯面。

而引爆公司危機的導火線，就是公司財務人員發現，過去跟我一起創業的老夥伴所提的帳目與公司的帳目不符，導致我們彼此的信任感完全消失，還差一點對薄公堂，最後只好攤牌、分手。當然，我也因此付出巨額代價。

就在我為公事焦頭爛額之際，女朋友竟然也提出分手，人生所有的低潮事都擠在一起，讓我真的萬念俱灰，也開始重新思考人生的意義。

先對自己好，才能對其他人好，我先買房

25 歲以前，我過得非常節儉，吃家裡、住家裡，每月花不到5,000 元，連朋友都覺得很扯。但同樣的，因為我對自己很小氣，對家人及朋友、女朋友也不會大方，當時的我只想趕快存錢，買間屬於自己的好房子。

但自從 2018 年創業夥伴與女友相繼離開之後，我真心覺得要先對自己好，才會捨得對其他人更好。所以我在 26 歲時，買下含裝潢近 800 萬元的 7 年、36 坪電梯華廈，作為給自己的 27 歲生日禮物。有了這間人生中理想的自住房後，我的生活突然變得很不一樣，以前從不做家事、煮飯的我，現在統統都自己來，也樂在其中。

對我而言，每天看房、改房，就是我最想做的事情。每當把一間大家眼中頭痛、沒人想住的問題房改造成美美房，對我來說就像是打贏了一場戰役，而打贏的場次越多、規模越大，我累積的自信就越快！

我會繼續秉持著創業時的承諾與初衷：活化閒置舊資產、改善居住好生活，讓我們一起向臺灣的未來邁進，因為屬於我們的年代才正要開始綻放！

國家圖書館出版品預行編目（CIP）資料

羅右宸看屋學：我這樣找「跌過頭」的房子，替自己、
　幫別人買到300間房 / 羅右宸著. -- 初版. -- 臺北市：
　大是文化, 2019.1
　192面 ;17＊23公分. --（Biz ; 282）
　ISBN 978-957-9164-64-1（平裝）

　1. 房地產業　2. 投資

554.89　　　　　　　　　　　　　　　107014601

Biz 282

羅右宸看屋學
我這樣找「跌過頭」的房子，替自己、幫別人買到 300 間房

作　　者／羅右宸
責任編輯／羅惠馨
校對編輯／劉宗德
美術編輯／林彥君
副總編輯／顏惠君
總 編 輯／吳依瑋
發 行 人／徐仲秋
會　　計／許鳳雪
版權經理／郝麗珍
行銷企畫／徐千晴
業務助理／李秀蕙
業務專員／馬絮盈、留婉茹
業務經理／林裕安
總 經 理／陳絜吾

出 版 者／大是文化有限公司
　　　　　臺北市衡陽路 7 號 8 樓
　　　　　編輯部電話：（02）23757911
　　　　　購書相關資訊請洽：（02）23757911 分機122
　　　　　24小時讀者服務傳真：（02）23756999
　　　　　讀者服務E-mail：haom@ms28.hinet.net
　　　　　郵政劃撥帳號 19983366　戶名／大是文化有限公司

法律顧問／永然聯合法律事務所
香港發行／豐達出版發行有限公司　Rich Publishing & Distribution Ltd
　　　　　地址：香港柴灣永泰道70號柴灣工業城第2期1805室
　　　　　Unit 1805, Ph.2, Chai Wan Ind City, 70 Wing Tai Rd, Chai Wan, Hong Kong.
　　　　　Tel: 2172-6513　Fax: 2172-4355
　　　　　E-mail: cary@subseasy.com.hk

封面攝影／吳毅平
封面設計／林雯瑛
內頁排版／大頭設計工作室
印　　刷／鴻霖印刷傳媒股份有限公司

出版日期／2019 年 1 月初版
　　　　　2021 年 8 月初版 6 刷
定　　價／新臺幣 340 元
ISBN　978-957-9164-64-1